CW01636122

FOLIO BILINGUE

Collectif

Haiku

俳句

Haiku

Traduit du japonais, présenté et annoté
par Corinne Atlan et Zéno Bianu

Gallimard

Cette sélection de poèmes est extraite de *Haiku : Anthologie du poème court japonais* (Poésie / Gallimard n° 369). La traduction et les notes ont été revues pour cette édition.

© Éditions Gallimard, 2002, pour la présentation, les notes et la traduction française.
© Éditions Gallimard, 2022, pour la présente édition.

PRÉFACE

Petite histoire du haiku

Le haiku, forme poétique la plus courte au monde, se compose de trois énoncés de 5, 7 et 5 syllabes, soit une seule ligne en japonais.

Il remonte au *tanka*, « poème court » déjà présent dans le *Man'yôshû* (« Recueil des dix mille feuilles »), la première anthologie poétique compilée en 760. Le *tanka*, qui semble s'enraciner dans les incantations et les chants destinés aux déités, contient des références précises aux saisons et aux éléments de la nature liés au culte animiste shinto. Il consiste en cinq « vers » de 5, 7, 5, 7 et 7 syllabes. La première partie (5-7-5), ou *hokku*, doit évoquer la saison, la nature, tandis que la seconde (7-7) lie la scène à un sentiment ou à une émotion spécifique. C'est le *hokku* qui, devenu poème indépendant, donnera naissance au *haikai* (plus tard *haiku*), continuant à transmettre ce sentiment ou cette émotion sans les citer et créant ainsi un monde de sens implicite. Cet art de suggérer un état intérieur sans le décrire est précisément considéré au Japon comme l'essence même de la poésie.

Le *tanka*, fort goûté à la Cour impériale, en devient rapidement l'un des passe-temps favoris. Entre le IXe siècle et le XIe siècle, les concours de poésie connaissent une grande vogue dans les cercles aristocratiques, avant que s'impose le genre du *renga*, ou « enchaînement de poèmes » : un participant rédige le premier tercet en 5, 7, 5 syllabes, le suivant lui répond en 7 et 7 syllabes, puis un troisième poète écrit un nouveau *hokku* (5-7-5) auquel fait écho une autre phrase (7-7), et ainsi de suite, en chaînes de 36, 72, 100 poèmes, voire plus.

Devenu un genre poétique en soi, le *renga* emprunte plusieurs voies. Au début du XVIIe siècle, une nouvelle bourgeoisie apparaît avec l'enrichissement des marchands dans l'entourage des guerriers désormais au pouvoir. C'est elle qui adopte sous le nom de *haikai-renga* (enchaînement de poèmes comiques) ce nouveau genre ludique. Le premier verset (*hokku*), qui donne le ton à l'ensemble de la chaîne, occupe une position privilégiée — et les compositeurs de *haikai-renga* ne tardent pas à le présenter comme un poème indépendant, sous le nom de *haikai-hokku*, terme qui sera simplifié en *haikai* (le mot *haiku* n'apparaîtra que bien plus tard).

Matsuo Bashô sera lui-même d'abord un maître du style comique avant d'ériger le *haikai* au rang d'une forme d'art absolu. Adepte du zen, poète-voyageur, il mène une vie itinérante, suivi par de nombreux disciples. Il fixe des règles précises pour la composition du *haikai* : le rythme 5-7-5, les *kireji* (ces mots de césure qui, en japonais, ponctuent chaque groupe de syllabes comme un arrêt sur image — écho redoublé ou respiration suspendue), la présence indispensable du « mot-saison » (*kigo*) ou mot de saison. On lui doit également la définition des principes, puisés à la source même de l'esthétique japonaise, qui ont gouverné le haiku tout au long de son histoire : sincérité, légèreté, objectivité, tendresse à l'endroit des créatures vivantes, mais aussi *sabi* (simplicité, sérénité, solitude), *wabi* (beauté dépouillée en accord avec la nature), et enfin — élément primordial qui sous-tend toute la philosophie du genre — *fueki-ryûkô*, juste équilibre entre le principe d'éternité et l'irruption d'un événement éphémère ou trivial.

La période d'Edo (1600-1868) — durant laquelle le Japon, fermé aux influences étrangères, vit replié sur sa culture et ses traditions propres — donne trois maîtres inégalés : Bashô, Buson et Issa. Buson, à la fois peintre et poète, entend décrire l'essence des choses sans le moindre secours philosophique, explorant l'enseignement direct de l'image et cherchant à transcrire une perception non verbale du monde. Quant à Issa, poète itinérant comme Bashô, il excelle à dévoiler le pathétique de notre condition et la souffrance liée à notre impermanence.

À la fin du XIXe siècle, avec l'ouverture à l'Occident et la modernisation du pays, l'intérêt pour les arts traditionnels, volontiers considérés comme désuets, décline. Masaoka Shiki comprend que le *haikai* doit devenir une forme littéraire à part entière. Il renouvelle le genre en le dissociant complètement du *renga* — et crée le terme *haiku*. Critique à l'égard des conceptions poétiques de Bashô, il privilégie le *shasei*, « croquis d'après nature », à la manière de Buson. Ce père du haiku moderne meurt à trente-cinq ans, laissant aux poètes collaborant à la revue qu'il a fondée, *Hototogisu* (*Le Coucou*), le soin de poursuivre la réforme ébauchée.

Par la suite se dessinent deux orientations principales, qui ont perduré jusqu'à nos jours et continuent à évoluer. L'une cherche à maintenir l'intégrité du haiku traditionnel face aux bouleversements de la société japonaise et du monde, l'autre entend libérer le haiku des contraintes passées, rejetant le nombre de syllabes imposé et l'usage du mot-saison.

Au début du XXe siècle, Ozaki Hôsai et Taneda Santôka, dans la lignée des poètes itinérants, ouvrent ainsi avec une sensibilité poignante la voie novatrice du « haiku de forme libre »[1].

1. La présente anthologie ne comptant pas de chapitre « Hors saison », notre choix s'est porté, pour les haikus de ces deux poètes, uniquement sur ceux qui contiennent encore un mot-saison.

POURQUOI AIMONS-NOUS LE HAIKU ?

Sans doute pour l'acquiescement qu'il suscite en nous, entre émerveillement et mystère. Le temps d'un souffle (un haiku, selon la règle, ne doit pas être plus long qu'une respiration), le poème coïncide tout à coup avec notre exacte intimité, provoquant le plus subtil des séismes.

Sans doute, aussi, parce qu'il nous déroute, parce qu'il nous sort de notre pli, déchirant une taie sur notre regard, rappelant que la création a lieu à chaque instant. « Salve contre l'habitude », disait justement Henri Pichette à propos de la poésie — « Ravissement soudain dans l'imprévisible », répondraient les *haijin* (auteurs de haikus) qui traquent l'inconnu au cœur du familier.

Peut-être, enfin, parce qu'il sait pincer le cœur avec légèreté. Rien de pesant, rien de solennel, rien de convenu. Juste un tressaillement complice. Une savante simplicité. L'éclosion spontanée d'une fleur de sens. Le haiku tremble et scintille comme un instant-poème, une étincelle jaillie de la confrontation entre présent et éternité. Il suspend, comme en se jouant, la raison discursive qui nous tient lieu de béquille — avec une ambition souveraine : dire la réalité telle qu'elle est.

Le *haijin* semble photographier, enregistrer un simple rien, mais dont l'éclat irradierait sans trêve. Il ne conçoit pas, il découvre. Il règle la focale sur ce qui est là, maintenant, inépuisable dans l'éphémère — non pas une essence, mais une dynamique, une énergie. Loin d'être asservi par un quelconque point de vue, il cherche un point de *vision* — un nouvel angle. L'attention se centre sur un ou deux détails à même de dire la totalité d'un ensemble — la partie devient le tout. Des perspectives éclairantes s'organisent, premier plan et arrière-plan dessinent la géographie illuminatrice du poème.

Habité par une exigence d'expression absolue, le haiku dénude la langue jusqu'à sa moelle. Pour révéler sans discourir. Et s'il apparaît comme l'expression vraie d'un vertige, c'est sans doute parce qu'il s'attache à ciseler sans fin cette pure aporie : mettre en mots le silence. Ses quelques syllabes ouvrent un espace de naissance infinie que la lecture échoue à épuiser. Il faut dire que le lecteur est convoqué au plus vif, au plus vrai de sa palette sensible, pour « compléter » le poème. Le faire résonner. Comme si la métaphore cédait ici le pas à la résonance — onde d'un galet de sens ricochant sur les eaux du silence.

Le haiku propose un art de vivre les phosphènes du monde et du temps, une écoute de toutes les formes de *coïncidence*. Il plaide à sa manière pour un esprit désoccupé, un esprit qui se laisse habiter. Il met en scène un je-monde à la fois totalement impliqué et parfaitement désimpliqué, un je-univers, un corps au diapason de l'espace.

Œuvrant à un réenchantement généralisé, le haiku remercie la vie, partout où elle s'improvise. Suggérant, sollicitant — des vers luisants aux comètes, du grain de riz à la galaxie — une solidarité universelle du vivant, malgré la mort, malgré la souffrance. Il y a là, entre intuition et attention, un sentiment d'appartenance à la réalité sensible. Une esthétique qui est toujours une éthique — une éthique de l'amour ultime.

Note sur l'anthologie

Le haiku se découpe d'ordinaire sur la toile de fond d'un mot-saison (*kigo*). Ce mot-clé marque l'importance que les Japonais accordent aux *circonstances,* toujours uniques, jamais dues au seul hasard, mais bien à un lien prédestiné qui unit les êtres et les choses, et duquel découlent une attention et un respect particulier envers *l'autre,* perçu comme le miroir de nous-mêmes.

Du haiku, en fait, le mot-saison est comme le blason, la signature qui lui permet de s'accorder, de s'intégrer en profondeur au mouvement même de la nature. En contrepoint à l'émotion *fugitive* du haiku, le *kigo* marque le *durable* de l'univers. On compte ainsi, accumulés au fil des siècles dans des almanachs poétiques (*saijiki*), quelques milliers d'expressions ou de mots-saison, à partir desquels les *haijin* façonnent leurs poèmes. Ces recueils, ces glossaires répertorient scrupuleusement tous les mots exprimant l'essence — le « parfum » — de la saison et les classent selon plusieurs catégories évocatrices : les moments de la saison, les phénomènes du ciel, le paysage, les activités humaines, la faune et la flore. Volonté d'ordonnancement du monde, souci d'*exactitude esthétique* qui apparaissent comme une constante spécifique, intime, du génie japonais.

Comme s'il fallait un moment précis pour chaque chose, pour chaque geste, pour chaque pensée. Pour aiguiser la sensation, affiner le regard, ajuster la perception. Comme si, en un paradoxe qui n'est qu'apparent, la plus extrême minutie apportée à la codification des instants du monde devenait le gage d'une vraie liberté.

Aussi, ancrée sur ce terreau poétique éprouvé et s'inspirant des almanachs classiques, notre anthologie suit-elle le cours des saisons ; et, à l'intérieur de chaque saison, s'attache-t-elle à décliner les moments-témoins d'une « émotion saisonnière » en des espaces révélateurs : passages de la saison ; inventaire des cieux ; célébration du paysage, des hommes et des bêtes ; le grand herbier.

Comment restituer en français une poésie fondée sur l'imprécision et l'ambiguïté — en même temps que sur la concision — dans le canevas d'un rythme imposé ? Comment traduire — sans la réduire — la poésie d'une langue où les adjectifs se conjuguent, où les verbes n'ont nul besoin de sujet, où les noms, délivrés de fioritures telles que genre ou nombre, se présentent sous la forme de dessins ?

La graphie japonaise — alliant idéogrammes et syllabaire phonétique — favorise l'extrême densité du haiku. Là où l'écriture linéaire de l'Occident semble donner d'emblée un socle cartésien à la description de la réalité, la densité fulgurante de l'idéogramme se prête plus facilement à l'« expression de l'inexprimable », à la transmission d'un espace que ne saurait saisir la seule pensée discursive.

En outre, la structure même de la langue favorise l'ambiguïté. Le japonais offre un vocabulaire des plus riches, à la fois flou et extrêmement nuancé. Il décline le monde avec autant de subtilité que le français — mais sur un mode plus énigmatique. Ici, un vocable recouvre souvent un éventail de notions que d'autres mots traversent. Incertaine, la frontière délimitant les territoires de sens dévoile tout un champ d'associations ou de symboles ; les mots sont alors détournés de leur rôle en vue de dire un au-delà (ou en-deçà) d'eux-mêmes, de cerner une conscience globale antérieure à toute conceptualisation, y compris celle du langage.

La grammaire particulière du haiku nourrit encore d'autres ambivalences. Ainsi, le « collage » de plusieurs idéogrammes — dont la fonction grammaticale reste « flottante » — ouvre la porte à plusieurs sens, révélant du même coup une palette d'interprétations. Les sens se chevauchent, se complètent, se démultiplient — trivial et spirituel s'entrecroisent. Le flou sémantique accroît l'exactitude poétique.

Que pareille efflorescence de sens puisse s'épanouir dans le cadre restreint de 17 syllabes, elles-mêmes soumises à la contrainte du rythme 5-7-5 et d'un mot de saison souvent conventionnel, représente un stupéfiant tour de force, impossible à transposer dans son entière richesse. Toute traduction reste une interprétation : tel un faisceau de lumière, elle éclaire certaines parties, en laissant fatalement d'autres dans l'ombre. En ce qui nous concerne, respectant le principe de simplicité et de brièveté du genre — et considérant la présentation sous forme de tercet comme une « traduction » suffisante du rythme ternaire de l'original —, nous nous sommes avant tout attachés à restituer la dynamique interne des haikus, leurs mises en perspective ou en tension implicites, leur infinie résonance. Au long de ce travail, nous avons été guidés par un profond désir de partager intacte la charge d'intense beauté de ces poèmes qui, pour beaucoup, remontent à plusieurs siècles mais sont aussi d'une saisissante modernité du point de vue de la langue même.

Un seul et même mot, *uta*, désigne en japonais la poésie et le chant. Et c'est à voix haute, comme un chant, que le haiku se lit. Aussi avons-nous eu pour souci constant de préserver ce chant si particulier, son ouverture, son pouvoir de suggestion. Traduire ici, c'est faire « œuvre originale de poésie » — comme le rappelle justement Ungaretti.

Dire, plus que jamais, que l'étrangeté est toujours partageable. Poésie pour poésie. Souffle pour souffle. Parti pris du poème.

Haiku
俳句
Haiku

Printemps
春
Haru

宿の春何もなきこそ何もあれ

yado no haru / nani mo naki koso / nani mo are

山口素堂

洗足の盥も漏りてゆく春や

senzoku no / tarai mo morite / yuku haru ya

与謝蕪村

病床の匂袋や浅き春

byôshô no / nioibukuro ya / asaki haru

正岡子規

影法師もまめ息災でけさの春

kagebôshi mo / mame sokusai de / kesa no haru

小林一茶

Ce printemps dans ma cabane —
absolument rien
absolument tout !
YAMAGUCHI SODÔ

Je me lave les pieds —
le baquet coule
comme le printemps !
YOSA BUSON[1]

Un sachet de simples
sur mon lit de malade —
le printemps renaît
MASAOKA SHIKI

Matin de printemps —
mon ombre aussi
déborde de vie !
KOBAYASHI ISSA

日の光今朝や鰯の頭より

hi no hikari / kesa ya iwashi no / atama yori

蕪村

砂濱に足跡長き春日かな

sunahama ni / ashi ato nagaki / haru hi kana

子規

橋なくて日暮れんとする春の水

hashi nakute / higuren to suru / haru no mizu

蕪村

川に沿ふて行けど橋なし日の永き

kawa ni sotte / ikedo hashi nashi / hi no nagaki

子規

老いぬれば日の永いにも涙かな

oinureba / hi no nagai ni mo / namida kana

一茶

Ce matin
le soleil a jailli
d'une tête de sardine[2]
BUSON

Sur le sable du rivage
à chaque trace de pas
le printemps s'allonge
SHIKI

Pas de pont —
le jour se couche
dans les eaux du printemps
BUSON

Au long de la rivière
je n'ai vu aucun pont —
ce jour est sans fin
SHIKI

On vieillit —
même la longueur du jour
est source de larmes
ISSA

舟と岸と話して居る日永哉

fune to kishi / to hanashite iru / hi naga kana

子規

蜀の火を蜀にうつすや春の夕

shoku no hi o / shoku ni utsusu ya / haru no yû

蕪村

ゆく春や逡巡として遅ざくら

yuku haru ya / shunjun to shite / osozakura

蕪村

ゆく春や蓬が中の人の骨

yuku haru ya / yomogi ga naka no / hito no hone

榎本星布尼

行く春や鳥啼魚の目は泪

yuku haru ya / tori naki uo no / me wa namida

松尾芭蕉

Barque et rivage
se répondent
dans la longueur du jour
SHIKI

Soir de printemps —
de bougie en bougie
la flamme se transmet[3]
BUSON

Le printemps qui s'éloigne
hésite
parmi les derniers cerisiers
BUSON

Le printemps file —
parmi l'armoise
des os humains
SEIFU-NI

Au printemps qui s'en va
les oiseaux crient —
les yeux des poissons en larmes
MATSUO BASHÔ

月の顔年は十三そこらかな

tsuki no kao / toshi wa jûsan / sokora kana

一茶

朧月蛙に濁る水や空

oborozuki / kawazu ni nigoru / mizu ya sora

蕪村

川下に網うつ音やおぼろ月

kawashimo ni / ami utsu oto ya / oborozuki

炭太祇

花の影女の影の朧かな

hana no kage / onna no kage no / oboro kana

夏目漱石

霞む日やさぞ天人のお退屈

kasumu hi ya / sazo tennin no / otaikutsu

一茶

L'âge de la lune ?
je dirais treize ans —
à peu près !
Issa

Voile de lune —
une grenouille
trouble l'eau et le ciel
Buson

En aval
le bruit d'un filet qu'on jette
sous la lune voilée
Tan Taigi

Sous un voile de lune
ombre de fleurs
ombre de femme !
Natsume Sôseki

Jour de brume —
les nymphes du ciel
auraient-elles le vague à l'âme ?
Issa

陽炎の落ちつきかねて草の上

kagerô no / ochitsuki kanete / kusa no ue

漱石

陽炎 や名も知らぬ虫の白き飛ぶ

kagerô ya / na mo shiranu mushi no / shiroki tobu

蕪村

陽炎や寺へ行かれし杖の穴

kagerô ya / tera e yukareshi / tsue no ana

一茶

薫風や千山のみどり寺一つ

kunpû ya / senzan no midori / tera hitotsu

子規

水の面にあや織りみだる春の雨

mizu no mo ni / ayaori midaru / haru no ame

良寛

Sur le gazon
languissamment retombe
la brume de chaleur
Sôseki

Dans la brume de printemps[4]
le vol blanc
d'un insecte au nom inconnu
Buson

Dans les brumes de chaleur
quelques trous laissés
par le bâton allé au temple
Issa

Douceur de la brise —
dans le vert de mille collines
un temple isolé
Shiki

À la surface de l'eau
des sillons de soie —
pluie de printemps
Ryôkan

池と川一つになりぬ春の雨

ike to kawa / hitotsu ni narinu / haru no ame

蕪村

大仏の片肌雪に解けにけり

osaragi no / kata hada yuki ni / toke ni keri

子規

山裾あたたかな陽に並ぶ墓石五六かな

yamasuso atataka na yô ni narabu boseki goroku ka na

種田山頭火

青き踏む叢雲踏むが如くなる

aoki fumu / murakumo fumu ga / gotoku naru

川端茅舎

口笛吹かるる朝の森の青さは

kuchibue fukaruru asa no mori no aosa wa

尾崎放哉

Pluie de printemps —
l'étang et la rivière
se rejoignent
BUSON

Sur l'épaule
du grand Bouddha
la neige a fondu
SHIKI

Au pied de la montagne
sous un soleil bienveillant
une rangée de tombes[5]
TANEDA SANTÔKA

Foulant la verdure
je foule
un banc de nuages
KAWABATA BÔSHA

Sifflotant sans cesse
ce matin
dans le bois qui bleuit
OZAKI HÔSAI

畑うつやうごかぬ雲もなくなりぬ

hata utsu ya / ugokanu kumo mo / nakunarinu

蕪村

鶯や黄色な声で親をよぶ

uguisu ya / kiirona koe de / oya o yobu

一茶

永き日を囀り足らぬ雲雀哉

nagaki hi o / saezuri taranu / hibari kana

芭蕉

雲をふみ霞を吸ふや揚雲雀

kumo o fumi / kasumi o suu ya / age hibari

子規

くさめして見失ひたる雲雀かな

kusame shite / mi ushinai taru / hibari kana

横井也有

On laboure les champs —
même le nuage immobile
s'en est allé
BUSON

D'une voix jaune
le rossignol
appelle ses parents
ISSA

Ce jour si long —
trop court encore
pour le chant de l'alouette !
BASHÔ

Une alouette s'élève —
je respire la brume
je marche sur les nuages[6] !
SHIKI

J'éternue —
et je ne vois plus
l'alouette !
YOKOI YAYÛ

菜畠に花見顔なる雀哉

nabatake ni / hanamigao naru / suzume kana

芭蕉

雁行きて門田の遠く思はるゝ

kari yukite / kadota no tôku / omowaruru

蕪村

広き野をたゞ一のみや雉子の声

hiroki no o / tada hito nomi ya / kiji no koe

坂井野明

雉鳴くや雲裂けて山あらはるる

kiji naku ya / kumo sakete yama / arawaruru

子規

山鳥の尾を踏む春の入り日かな

yamadori no / o o fumu haru no / irihi kana

蕪村

Dans le champ de colza
les moineaux font mine
de contempler les fleurs
BASHÔ

Nuées d'oies sauvages —
le champ devant ma porte
semble s'éloigner
BUSON

Le champ immense —
d'un cri
le faisan l'engloutit !
SAKAI YAMEI

Le faisan crie
les nuages fuient —
la montagne apparaît !
SHIKI

Le couchant du printemps
marche
sur la queue du faisan
BUSON

大仏の鼻から出たる乙鳥哉

daibutsu no / hana kara itaru / tsubame kana

一茶

大津絵に糞落しゆく燕かな

ôtsu e ni / fun otoshi yuku / tsubame kana

蕪村

夕燕我には翌日のあてもなし

yû tsubame / ware ni wa asu no / ate mo nashi

一茶

鬚につく飯さえ思えず猫の恋

hige ni tsuku / meshi sae omoezu / neko no koi

炭太祇

おそろしや石垣崩す猫の恋

osoroshi ya / ishigaki kuzusu / neko no koi

子規

De la narine du grand Bouddha
jaillit
une hirondelle
Issa

Sur l'image sainte
elle lâche une fiente —
l'hirondelle !
Buson

Soir d'hirondelles —
demain encore
je n'aurai rien à faire
Issa

Enamouré
le chat oublie le riz
qui colle à ses moustaches
Tan Taigi

Panique —
le mur de pierre s'effondre
sous les amours des chats
Shiki

白魚やさながらうごく水の色

shira uo ya / sanagara ugoku / mizu no iro

小西来山

夕不二に尻を並べてなく蛙

yû fuji ni / shiri o narabete / naku kawazu

一茶

悠然として山を見る蛙かな

yûzen to / shite yama o miru / kawazu kana

一茶

古池や蛙飛びこむ水の音

furuike ya / kawazu tobikomu / mizu no oto

芭蕉

とりつかぬ力で浮む蛙哉

toritsukanu / chikara de ukamu / kawazu kana

内藤丈草

Mille petits poissons blancs —
comme si frétillait
la couleur de l'eau
KONISHI RAIZAN

Pour le mont Fuji au couchant
elles coassent
les grenouilles aux culs alignés
ISSA

Sans souci
elle contemple la montagne —
la grenouille
ISSA

Vieil étang —
au plongeon d'une grenouille
l'eau se brise[7]
BASHÔ

À force de fluidité
elle flotte —
la grenouille !
NAITÔ JÔSÔ

われを見て苦い顔する蛙かな

ware o mite / nigai kao suru / kawazu kana

一茶

我が庵や蛙初手から老を鳴く

waga io ya / kawazu shote kara / oi o naku

一茶

入相は蛙の目にも涙哉

iriai wa / kaeru no me ni mo / namida kana

一茶

蝶飛ぶや此世に望みないやうに

chô tobu ya / kono yo ni nozomi / nai yô ni

一茶

一日物云はず蝶の影さす

ichinichi mono iwazu chô no kage sasu

放哉

Me contemplant
elle se renfrogne —
la grenouille !
Issa

Autour de ma cabane
les grenouilles rabâchent —
tu vieillis tu vieillis
Issa

Soleil couchant —
la grenouille aussi
est en larmes
Issa

Papillon voltige
dans un monde
sans espoir
Issa

Une journée sans un mot —
j'ai montré
l'ombre d'un papillon
Hôsai

蘭の香や蝶の翅にたき物す

ran no ka ya / chô no tsubasa ni / takimono su

芭蕉

蝶々の慕ふ花輪や棺の上

chôchô no / shitau hanawa ya / kan no ue

内藤鳴雪

蝶とんで我が身も塵のたぐひかな

chô tonde / waga mi mo chiri no / tagui kana

一茶

べったりと蝶の咲たる枯木哉

bettari to / chô no saitaru / kareki kana

一茶

ふるさとは遠くして木の芽

furusato wa tôku shite ki no me

山頭火

Au nectar d'orchidée
le papillon
parfume ses ailes
Bashô

Sur les fleurs tressées
du cercueil —
un papillon
Naitô Meisetsu

Papillon qui bats des ailes
je suis comme toi —
poussière d'être !
Issa

Couvert de papillons
l'arbre mort
est en fleur !
Issa

Si loin
le pays natal —
les arbres bourgeonnent
Santôka

庭前に白く咲たる椿かな

teizen ni / shiroku sakitaru / tsubaki kana

上島鬼貫

白椿落つる音のみ月夜かな

shirotsubaki / otsuru oto nomi / tsukiyo kana

高桑闌更

笠へぽっとり椿だった

kasa e pottori tsubaki datta

山頭火

古井戸のくらきに落る椿かな

furuido no / kuraki ni ochiru / tsubaki kana

蕪村

若草に根を忘れたる柳かな

wakakusa ni / ne o wasuretaru / yanagi kana

蕪村

À l'entrée du jardin
fleurit le blanc
d'un camélia
UESHIMA ONITSURA

Un seul bruit
au clair de lune —
la chute des camélias blancs
TAKAKUWA RANKÔ

Sur mon chapeau de jonc
plop !
c'était un camélia
SANTÔKA

Elle tombe
la fleur de camélia
au plus noir du vieux puits
BUSON

Dans les jeunes herbes
le saule
oublie ses racines
BUSON

青柳のまゆかくきしのひたひかな

aoyagi no / mayu kaku kishi no / hitai kana

荒木田守武

梅が香にのっと日の出る山路かな

ume ga ka ni / notto hi no deru / yamaji kana

芭蕉

梅さくやごまめちらばふ猫の墓

ume saku ya / gomame chirabau / neko no haka

一茶

梅一輪一輪ほどの暖かさ

ume ichirin / ichirin hodo no / atatakasa

服部嵐雪

白梅に明る夜ばかりとなりにけり

shiraume ni / akuru yo bakari to / nari ni keri

蕪村

Sur le front des falaises
les saules reverdis
dessinent des sourcils
ARAKIDA MORITAKE

Sur le sentier de montagne
le soleil se lève
au parfum des pruniers
BASHÔ

Aux fleurs de prunier
je parsème de sardines
la tombe de mon chat
ISSA

À chaque fleur de prunier
la chaleur
s'élève !
HATTORI RANSETSU

Dans le prunier blanc
la nuit désormais
se change en aube
BUSON

梅咲て帯かふ部屋の遊女かな

ume saite / obi kau heya no / yûjo kana

蕪村

紅梅の落花燃らむ馬の糞

kôbai no / rakka moyuramu / uma no fun

蕪村

目は横に鼻は竪なり春の花

me wa yoko ni / hana wa tatenari / haru no hana

上島鬼貫

世の中は桜の花になりにけり

yo no naka wa / sakura no hana ni / nari ni keri

良寛

さく花の中にうごめく衆生哉

saku hana no / naka ni ugomeku / shujô kana

一茶

Quand les pruniers fleurissent
les belles du bordel
achètent des ceintures
Buson

Braises
sur le crottin —
les fleurs du prunier rouge
Buson

Regards à l'horizon
narines au ciel —
ces fleurs de printemps !
Ueshima Onitsura

Le monde
est devenu
un cerisier en fleur
Ryôkan

Sous les fleurs de cerisier
grouille et fourmille
l'humanité
Issa

花の陰あかの他人はなかりけり

hana no kage / aka no tanin wa / nakari keri

一茶

華に浮世わが酒白し食黒し

hana ni ukiyo / waga sake shiroshi / meshi kuroshi

芭蕉

口あいて落花眺むる子は仏

kuchi aite / rakka nagamuru / ko wa hotoke

大谷句仏

花散るや呑みたき水を遠霞

hana chiru ya / nomitaki mizu o / tôgasumi

一茶

世の中は地獄の上の花見かな

yo no naka wa / jigoku no ue no / hanami kana

一茶

À l'ombre des fleurs de cerisier
il n'est plus
d'étrangers[8]
Issa

Sous les fleurs d'un monde flottant[9]
avec mon riz brun
et mon saké blanc
Bashô

Bouche bée
l'enfant regarde tomber les fleurs —
c'est un Bouddha !
Ôtani Kubutsu

Averses de pétales —
je voudrais boire
l'eau des brumes lointaines !
Issa

Tous en ce monde
sur la crête d'un enfer
à contempler les fleurs
Issa

苦の娑婆や 桜が咲けば咲いたとて

ku no shaba ya / sakura ga sakeba / saita tote

一茶

死に支度致せ致せと桜哉

shi ni jitaku / itase itase to / sakura kana

一茶

骸骨の上を装うて花見かな

gaikotsu no / ue o yosoute / hanami kana

上島鬼貫

山の月花盗人をてらし給ふ

yama no tsuki / hana nusubito o / terashi tamau

一茶

鐘消えて花の香は鐘く夕哉

kane kiete / hana no ka wa tsuku / yûbe kana

芭蕉

Un monde
qui souffre
sous un manteau de fleurs
Issa

Prépare-toi à la mort
prépare-toi
bruissent les cerisiers en fleur
Issa

Squelettes
enveloppés de soie
nous contemplons les fleurs
Ueshima Onitsura

Sur la montagne
la lune l'éclaire aussi —
le voleur de fleurs
Issa

La cloche se tait —
les fleurs en écho
parfument le soir !
Bashô

花散りて木の間の寺となりにけり

hana chirite / ko no ma no tera to / nari ni keri

蕪村

この宮やこぶしのはなにちるさくら

kono miya ya / kobushi no hana ni / chiru sakura

良寛

あをみたるなかにこぶしの花ざかり

aomitaru / naka ni kobushi no / hanazakari

良寛

石工の指やぶりたるつゝじかな

sekkô no / yubi yaburitaru / tsutsuji kana

蕪村

山吹の移りて黄なる泉さへ

yamabuki no / utsurite kinaru / izumi sae

服部嵐雪

Tombent les fleurs de cerisier —
entre les branches
un temple apparaît
BUSON

Au sanctuaire —
sur les pétales de magnolia
des fleurs de cerisier
RYÔKAN

Dans le vert qui foisonne
explosent
les fleurs de magnolia
RYÔKAN

Le doigt blessé
du maçon
au rouge de l'azalée
BUSON

Miroir
des fleurs de corète
la source blondit
HATTORI RANSETSU

駈け出でる駒も足嗅ぐすみれかな

kake izuru / koma mo ashi kagu / sumire kana

千代尼

骨拾ふ人にしたしき菫かな

kotsu hirou / hito ni shitashiki / sumire kana

蕪村

世をいとふ心薊を愛すかな

yo o itou / kokoro azami o / aisu kana

子規

Les chevaux au galop
reniflent leurs jarrets —
un parfum de violettes
CHIYO-NI

On rassemble
les os du mort[10] —
les violettes compatissent
BUSON

Qui déteste ce monde
se doit d'aimer
les fleurs de chardon
SHIKI

Été
夏
Natsu

六月の海見ゆるなり寺の像

rokugatsu no / umi miyuru nari / tera no zô

子規

鍬たてゝあたり人なき熱さ哉

kuwa tatete / atari hito naki / atsusa kana

子規

あの山もけふのあつさの行衛哉

ano yama mo / kyô no atsusa no / yukue kana

上島鬼貫

島あれば松あり風の音すゝし

shima areba / matsu ari kaze no / oto suzushi

子規

Ils contemplent
l'océan de juin —
les Bouddhas au fond du temple
SHIKI

Une houe dressée
dans le champ vide —
quelle chaleur !
SHIKI

Cette montagne au loin
où la chaleur du jour
s'en est allée
UESHIMA ONITSURA

Des îles
des pins sur les îles
et le bruit frais du vent
SHIKI

涼風や虚空に満ちて松の声

suzukaze ya / kokû ni michite / matsu no koe

上島鬼貫

御仏に尻むけ居れば月涼し

mihotoke ni / shiri muke oreba / tsuki suzushi

子規

涼しさのかたまりなれや夜半の月

suzushisa no / katamari nare ya / yowa no tsuki

安原貞室

灯を消せば涼しき星や窓に入る

hi o keseba / suzushiki hoshi ya / mado ni iru

漱石

のぞく目に一千年の風涼し

nozoku me ni / issen nen no / kaze suzushi

子規

Fraîcheur du vent —
la voix des pins
emplit le ciel vide
UESHIMA ONITSURA

Au Bouddha
je montre mes fesses[11]
la lune est fraîche !
SHIKI

La lune à minuit —
comme
un bloc de fraîcheur !
YASUHARA TEISHITSU

La lampe éteinte
les étoiles fraîches
se glissent par la fenêtre
SÔSEKI

Dans l'œil qui regarde
mille ans
de brise fraîche !
SHIKI

涼しさや鐘をはなるるかねの声

suzushisa ya / kane o hanaruru / kane no koe

蕪村

涼しさを我が宿にしてねまるなり

suzushisa o / waga yado ni shite / nemaru nari

芭蕉

大仏に腸のなき涼しさよ

daibutsu ni / harawata no naki / suzushisa yo

子規

何もないが心安さよ涼しさよ

nani mo nai ga / kokoro yasusa yo / suzushisa yo

一茶

みじか夜や毛むしの上に露の玉

mijikayo ya / kemushi no ue ni / tsuyu no tama

蕪村

Si frais
le souffle de la cloche —
lorsqu'il quitte la cloche !
BUSON

Dans la fraîcheur
je m'établis —
et je m'endors
BASHÔ

Le grand Bouddha —
sa fraîcheur
inhumaine !
SHIKI

Rien qui m'appartienne —
sinon la paix du cœur
et la fraîcheur de l'air
ISSA

Nuit brève —
la chenille retient
les gouttes de rosée
BUSON

短夜や芦間流るる蟹の泡

mijikayo ya / ashima nagaruru / kani no awa

蕪村

餘命いくばくかある夜短し

yomei / ikubaku ka aru / yo mijikashi

子規

夏の夜や木魂に明くる下駄の音

natsu no yo ya / kodama ni akuru / geta no oto

芭蕉

寝心や膝の上なる土用雲

negokoro ya / hiza no ue naru / doyôgumo

一茶

蟒の住む沼かれて雲の峰

uwabami no / sumu numa karete / kumo no mine

子規

Nuit brève —
la bave des crabes
mousse entre les roseaux
BUSON

Nuit brève —
combien de jours
encore à vivre[12] ?
SHIKI

Nuit d'été —
le bruit de mes socques
fait vibrer le silence
BASHÔ

Je m'assoupis
un nuage de canicule
sur les genoux
ISSA

Dans le marais asséché
où vit le python
les nuages s'amassent[13]
SHIKI

蛸壺やはかなき夢を夏の月

tako tsubo ya / hakanaki yume o / natsu no tsuki

芭蕉

釣竿の糸にさはるや夏の月

tsurizao no / ito ni sawaru ya / natsu no tsuki

千代尼

青東風の朝山拭ふ如きかな

aogochi no / asa yama nuguu / gotoki kana

青木月斗

青嵐吸物は白牡丹

aoarashi / suimono wa / shiro botan

良寛

夕立にうたるゝ鯉のかしらかな

yûdachi ni / utaruru koi no / kashira kana

子規

Au fond de la jarre
sous la lune d'été
une pieuvre rêve
Bashô

Le fil de la canne à pêche
atteint
la lune d'été !
Chiyo-ni

Ce vent bleu d'orient[14] —
on dirait qu'il astique
les montagnes de l'aube !
Aoki Gettô

Vent bleu —
dans mon bouillon clair
des pivoines blanches !
Ryôkan

L'averse d'été
tambourine
sur la tête des carpes !
Shiki

五月雨に鶴の足短くなれり

samidare ni / tsuru no ashi / mijikaku nareri

芭蕉

夕立や 裸で乗りしはだか馬

yûdachi ya / hadaka de nori shi / hadaka uma

一茶

稲妻にこぼるゝ音や竹の露

inazuma ni / koboruru oto ya / take no tsuyu

蕪村

稲妻に悟らぬ人の尊さ

inazuma ni / satoranu hito no / tôtosa

芭蕉

淋しさや花火のあとの星の飛ぶ

sabishisa ya / hanabi no ato no / hoshi no tobu

子規

Sous la pluie d'été
raccourcissent
les pattes du héron
BASHÔ

Nu
sur un cheval nu
à travers l'averse !
ISSA

Sous la foudre
un bruit de rosée
coule dans les bambous
BUSON

Devant l'éclair —
sublime est celui
qui ne sait rien[15] !
BASHÔ

Solitude —
après le feu d'artifice
une étoile filante
SHIKI

夏草や兵ものどもが夢の跡

natsu kusa ya / tsuwamono domo ga / yume no ato

芭蕉

巡礼の棒ばかり行く夏野かな

junrei no / bô bakari yuku / natsuno kana

維舟

分け入っても分け入っても青い山

wakeittemo wakeittemo aoi yama

山頭火

夏山や一足づゝに海見ゆる

natsu yama ya / hito ashi zutsu ni / umi miyuru

一茶

乞食かな天地と着たる夏衣

kojiki kana / tenchi to kitaru / natsu goromo

宝井其角

Herbes folles de l'été —
où frémit encore
le rêve des guerriers !
BASHÔ

Dans les hautes herbes d'été
seuls avancent
les bâtons des pèlerins
ISHÛ

Profond
plus profond encore
dans les montagnes bleues
SANTÔKA

Pas après pas
dans les montagnes d'été —
soudain la mer !
ISSA

Le mendiant —
il porte le ciel et la terre
pour habit d'été
TAKARAI KIKAKU

結ぶより早歯にひびく泉かな

musubu yori / haya ha ni hibiku / izumi kana

芭蕉

山水に米を搗かせて昼寝哉

yama mizu ni / kome o tsukasete / hirune kana

一茶

悠然と草の枕に留守の庵

yûzen to / kusa no makura ni / rusu no io

良寛

うき世いかに坊主となりて昼寝する

ukiyo ikani / bôzu to narite / hirune suru

漱石

身の上の 鐘ともしらで夕涼み

mi no ue no / kane to mo shirade / yû suzumi

一茶

Avant que je l'avale
l'eau de la source
a bruissé sur mes dents
Bashô

C'est la sieste —
je laisse l'eau des montagnes
décortiquer le riz
Issa

Sans souci
sur mon oreiller d'herbes
je me suis absenté
Ryôkan

En ce monde flottant
devenez bonze en chef
et vous ferez la sieste !
Sôseki

Fraîcheur du soir —
celui-là ignore que la cloche
sonne le glas de sa vie
Issa

身の上の鐘と志りつつ夕涼み

mi no ue no / kane to shiri tsutsu / yû suzumi

一茶

一竿は死装束や土用ぼし

hitosao wa / shinishôzoku ya / doyô boshi

森川許六

夏痩せとこたえて後は涙かな

natsu yase to / kotaete ato wa / namida kana

北村季吟

鯉はねて水静か也郭公

koi hanete / mizu shizuka nari / hototogisu

池西言水

ほととぎす消行方や嶋一つ

hototogisu / kie yuku kata ya / shima hitotsu

芭蕉

Fraîcheur du soir —
celui-là sait que la cloche
sonne le glas de sa vie
Issa

On aère en été —
sur la perche
le vêtement du mort[16]
Morikawa Kyoriku

« C'est la maigreur de l'été »
répond-elle
avant de fondre en larmes
Kitamura Kigin

Une carpe a bondi —
l'eau s'apaise
le coucou chante
Ikenishi Gonsui

Où le coucou
disparaît —
une île
Bashô

郭公なくや雲雀と十文字

hototogisu / naku ya hibari no / jûmonji

向井 去来

ごつごつと僧都の咳や閑古鳥

gotsugotsu to / sôzu no seki ya / kankodori

蕪村

うき我をさびしがらせよ閑古鳥

uki ware o / sabishi garase yo / kankodori

芭蕉

その後は冥土で聴かんほととぎす

sono ato wa / meido de kikan / hototogisu

無名

あばれ蚤我手にかかって成仏せよ

abare nomi / waga te ni kakatte / jôbutsu seyo

一茶

Dans le ciel
le coucou et l'alouette
chantent en croix
Mukai Kyorai

La toux rauque
de l'abbé —
le chant du coucou
Buson

Ah coucou !
agrandis encore
ma solitude !
Bashô

La fin de ton chant
coucou
je l'entendrai au Pays des ombres
Anonyme

Puce endiablée —
par ma main
deviens un Bouddha[17] !
Issa

蚤噛んだ口でなむあみ陀仏哉

nomi kanda / kuchi de namu / amidabutsu kana

一茶

庵の蚤不便やいつか痩る也

iyo no nomi / fubin ya itsuka / yaseru nari

一茶

切られたる夢は誠か蚤の跡

kiraretaru / yume wa makoto ka / nomi no ato

宝井其角

やれうつな蠅が手をすり足をする

yare utsu na / hae ga te o suri / ashi o suru

一茶

人一人蠅も一つや大座敷

hito hitori / hae mo hitotsu ya / ôzashiki

一茶

Par cette bouche
qui a croqué une puce
je chante le Bouddha
ISSA

Je plains les puces
de ma cabane —
elles vont bientôt maigrir !
ISSA

Piqué par les puces —
c'était donc vrai
ce rêve de sabre ?
TAKARAI KIKAKU

Épargne-la
cette mouche qui prie
mains jointes et pieds joints !
ISSA

Un être humain
une mouche
dans la chambre vaste
ISSA

世がよくばも一つ留れ飯の蠅

yo ga yokuba / mo hitotsu tomare / meshi no hae

一茶

蠅打つに花さく草も打たれけり

hae utsu ni / hana saku kusa mo / utarekeri

一茶

すばらしい乳房だ蚊が居る

subarashii chibusa da ka ga iru

放哉

叩かれて昼の蚊を吐く木魚かな

tatakarete / hiru no ka o haku / mokugyo kana

漱石

古井戸や蚊に飛ぶ魚の音くらし

furu ido ya / ka ni tobu uo no / oto kurashi

蕪村

Le monde va bien —
une autre mouche
se pose sur le riz
ISSA

Tuant une mouche
j'ai blessé
une fleur
ISSA

Deux seins
superbes —
et un moustique !
HÔSAI

Frappé
le poisson de bois
crache les moustiques de midi[18]
SÔSEKI

Dans le vieux puits
un poisson gobe un moustique —
l'eau fait un bruit noir
BUSON

初蛍ついとそれたる手風哉

hatsubotaru / tsuito soretaru / te kaze kana

一茶

馬の屁に目覚て見れば飛ほたる

uma no he ni / mezamete mireba / tobu hotaru

一茶

追われては月に隠るゝ蛍かな

owarete wa / tsuki ni kakururu / hotaru kana

大島 蓼太

追ふ人にあかりを見する蛍かな

ou hito ni / akari o misuru / hotaru kana

大伴大江丸

我袖に一息つくや負蛍

waga sode ni / hito iki tsuku ya / make hotaru

一茶

Envolée
la première luciole —
du vent dans ma main !
ISSA

Par un pet de cheval
éveillé
j'ai vu des lucioles voler
ISSA

Poursuivie
la luciole s'abrite
dans un rayon de lune
ÔSHIMA RYÔTA

À qui la poursuit
la luciole
offre sa lumière
ÔTOMO NO ÔEMARU

Sur ma manche
elle reprend son souffle —
la luciole en fuite
ISSA

寂しさやわづらう子に蛍籠

sabishisa ya / wazurau ko ni / hotaru kago

大島 蓼太

人寝ねて蛍飛ぶ也蚊帳の中

hito inete / hotaru tobu nari / kaya no naka

子規

川ばかり闇はながれて蛍かな

kawa bakari / yami wa nagarete / hotaru kana

千代尼

清水すゞし蛍のきえてなにもなし

shimizu suzushi / hotaru no kiete / nani mo nashi

千代尼

草の穂の 一匹の蟻にも大空

kusa no ho no ippiki no ari ni mo ôzora

放哉

Une cage de lucioles
pour l'enfant malade —
solitude !
Ôshima Ryôta

Sous la moustiquaire
elle sommeille
au milieu des lucioles
Shiki

Lucioles lucioles !
dans la rivière
les ténèbres coulent
Chiyo-ni

L'eau devient cristal
les lucioles s'éteignent —
rien n'existe[19]
Chiyo-ni

Sur la pointe d'une herbe
devant l'infini du ciel
une fourmi
Hôsai

一本に蟬の集まる野中哉

ippon ni / semi no atsumaru / nonaka kana

子規

閑かさや岩にしみ入る蟬の声

shizukasa ya / iwa ni shimi iru / semi no koe

芭蕉

やがて死ぬけしきは見えず蟬の声

yagate shinu / keshiki wa miezu / semi no koe

芭蕉

空家の門に蟬なく夕日かな

aki ie no / mon ni semi naku / yûhi kana

子規

宵闇や月を吐き出す蟇の口

yoiyami ya / tsuki o hakidasu / hiki no kuchi

子規

Sur un seul arbre
dans la plaine immense
les cigales s'attroupent
SHIKI

Le cri des cigales
vrille la roche —
quel silence !
BASHÔ

Les cigales vont mourir —
mais leur cri
n'en dit rien
BASHÔ

Devant la maison vide
une cigale crépite
au dernier soleil[20]
SHIKI

À la tombée du soir
un crapaud
vomit la lune !
SHIKI

柴の戸や錠の代わりにかたつぶり

shiba no to ya / jô no kawari ni / katatsuburi

一茶

夕月や大肌ぬいでかたつぶり

yûzuki ya / ôhada nuide / katatsuburi

一茶

蝸牛そろそろ登れ富士の山

katatsuburi / soro soro nobore / fuji no yama

一茶

それなりに成仏とげよ蝸牛

sorenari ni / jôbutsu toge yo / katatsuburi

一茶

夏木立入りにし人の跡もなし

natsu kodachi / iri ni shi hito no / ato mo nashi

子規

Une porte en fagots —
en guise de serrure
un escargot !
ISSA

Sous la lune du soir
l'escargot
torse nu
ISSA

Grimpe en douceur
petit escargot —
tu es sur le Fuji !
ISSA

À ta façon
colimaçon
puisses-tu devenir un Bouddha !
ISSA

Nulle trace
de celui qui a pénétré
dans le bois d'été
SHIKI

仏ともならでうかうか老いの松

hotoke to mo / narade uka uka / oi no matsu

一茶

方百里雨雲よせぬぼたん哉

hô hyakuri / amagumo yosenu / botan kana

蕪村

盃をちよいと置たるぼたん哉

sakazuki o / choi to okitaru / botan kana

一茶

虹を吐き開かんとする牡丹哉

niji o haki / hirakan to suru / botan kana

蕪村

蝋燭にしづまりかへるぼたんかな

rôsoku ni / shizumari kaeru / botan kana

森川許六

Il rêve
le vieux pin —
il n'est pas encore un Bouddha !
Issa

Sur cent lieues à la ronde
les pivoines
repoussent les nuages de pluie
Buson

Ma coupe de saké —
je la pose un instant
en l'honneur des pivoines
Issa

Elle s'ouvre
et crache un arc-en-ciel —
la pivoine !
Buson

Près de la chandelle
une pivoine
en silence
Morikawa Kyoriku

あさがほや誠は花の人きらひ

asagao ya / makoto wa hana no / hito kirai

千代尼

あやめ草足に結ばん草鞋の緒

ayame gusa / ashi ni musuban / waraji no o

芭蕉

見し夢のさめても色の杜若

mishi yume no / samete mo iro no / kakitsubata

小川秋色

雲のゆかりそれかとばかり杜若

kumo no yukari / sore ka to bakari / kakitsubata

千代尼

白百合や蛇逃げて山静かなり

shira yuri ya / hebi nigete yama / shizukanari

子規

S'ils se referment au matin
les volubilis —
c'est par haine des hommes !
Chiyo-ni

Herbes d'iris
accrochées à mes pieds —
lacets pour mes sandales !
Bashô

Éveillée
de ce rêve
je verrai le violet des iris[21]
Ogawa Shûshiki

Du violet des nuages
au mauve des iris
ma pensée va sans cesse[22]
Chiyo-ni

Le serpent s'est enfui
la montagne se tait
les lys se figent
Shiki

夕顔の中より出づるあるじかな

yûgao no / naka yori izuru / aruji kana

三浦樗良

夕顔の花で洟かむ娘かな

yûgao no / hana de hana kamu / musume kana

一茶

極楽は赤い蓮に女かな

gokuraku wa / akai hasu ni / onna kana

子規

白蓮を切らんとぞおもふ僧のさま

byakuren o / kiran to zo omou / sô no sama

蕪村

背を汽車通る草ひく顔をあげず

se o kisha tôru kusa hiku kao o agezu

放哉

Du cœur des belles-de-nuit
émerge
le maître
MIURA CHORA

Des belles-de-nuit
la jeune vierge
se fait un mouchoir
ISSA

Le paradis ?
une femme
un lotus rouge
SHIKI

Il songe à décapiter
les lotus blancs
l'honorable bonze
BUSON

Dans mon dos passe un train —
j'arrache les mauvaises herbes
sans lever la tête
HÔSAI

撫子に蝶々白し誰の魂

nadeshiko ni / chôchô shiroshi / dare no tama

子規

生て居るばかりぞ我とけしの花

ikite iru / bakari zo ware to / keshi no hana

一茶

けし提て群集の中を通りけり

keshi sagete / gunshû no naka o / toori keri

一茶

Sur l'œillet
un papillon blanc —
ou une âme égarée
SHIKI

Vivants
tout simplement —
moi et le coquelicot !
ISSA

Un coquelicot à la main
je traverse
la foule
ISSA

Automne
秋
Aki

蜘殺すあとの淋しき夜寒哉

kumo korosu / ato no samishiki / yo samu kana

子規

小便所爰と馬呼夜寒哉

shôbenjo / koko to uma yobu / yosamu kana

一茶

秋来ぬとしらぬ狗が仏かな

aki konu to / shiranu enoko ga / hotoke kana

一茶

ふみつけた蟹の死骸やけさの秋

fumi tsuketa / kani no shigai ya / kesa no aki

子規

J'ai tué une araignée —
solitude
de la nuit froide
Shiki

« Les latrines sont par là »
dit le cheval
dans le froid de la nuit
Issa

L'automne vient —
le chiot qui ne le sait pas
est un Bouddha
Issa

L'automne ce matin —
un crabe mort
sous mon pied
Shiki

けさ秋と云計りでも老いにけり

kesa aki to / iu bakari demo / oi ni keri

一茶

今朝秋や見入る鏡に親の顔

kesa aki ya / miiru kagami ni / oya no kao

村上鬼城

行く我にとゝまる汝に秋二つ

yuku ware ni / todomaru nare ni / aki futatsu

蕪村

枯朶に烏の止まりけり秋の暮

kareeda ni / karasu no tomari keri / aki no kure

芭蕉

この道や行く人なしに秋の暮れ

kono michi ya / iku hito nashi ni / aki no kure

芭蕉

Ce matin c'est l'automne —
à dire ces mots
je me sens vieillir
Issa

Ce matin l'automne —
dans le miroir
le visage de mon père
Murakami Kijô

Pour celui qui part
pour celui qui reste —
deux automnes
Buson

Sur la branche écorchée
du couchant
un corbeau s'est perché
Bashô

Ce chemin —
seule la pénombre d'automne
l'emprunte encore
Bashô

野路の秋我後ろより人や来る

noji no aki / waga ushiro yori / hito ya kuru

蕪村

門を出れば我も行く人秋の暮れ

mon o dereba / ware mo yuku hito / aki no kure

蕪村

淋しさのうれしくもあり秋の暮

sabishisa no / ureshiku mo ari / aki no kure

蕪村

愚案ずるに冥土も斯くや秋の暮

gu anzuru ni / meido mo kaku ya / aki no kure

芭蕉

長き夜を月取る猿の思案哉

nagaki yo o / tsuki toru saru no / shian kana

子規

Automne par tous les chemins —
derrière moi
quelqu'un vient
BUSON

Passant le portail
je suis un homme qui va
dans le couchant d'automne
BUSON

Couchant d'automne —
la solitude aussi
est une joie
BUSON

Ce couchant d'automne —
on dirait
le Pays des ombres
BASHÔ

Il songe le singe
à longueur de nuit —
comment saisir la lune[23] ?
SHIKI

長き夜や千年の後を考える

nagaki yo ya / sen nen no ato / o kangaeru

子規

草山に馬放ちけり秋の空

kusa yama ni / uma hanachi keri / aki no sora

漱石

白露や芋の畠の天の川

shira tsuyu ya / imo no hatake no / amanogawa

子規

山の温や裸の上の天の川

yama no yu ya / hadaka no ue no / amanogawa

子規

禅寺の門を出づれば星月夜

zen dera no / mon o izureba / hoshizuki yo

子規

La nuit est sans fin —
je pense
à ce qui viendra dans mille ans
Shiki

Sur la montagne en herbes
on lâche les chevaux
dans le ciel d'automne
Sôseki

Voie lactée
sur le champ de patates —
la gelée blanche !
Shiki

Sources thermales —
la Voie lactée
sur les corps nus
Shiki

Je quitte le temple zen —
j'entre
dans la nuit étoilée !
Shiki

名月や池をめぐりて夜もすがら

meigetsu ya / ike o megurite / yomosugara

芭蕉

砕けても砕けてもあり水の月

kudakete mo / kudakete mo ari / mizu no tsuki

上田聴秋

芋を煮る鍋の中まで月夜哉

imo o niru / nabe no naka made / tsukiyo kana

森川許六

一つとは思はぬ夜なり今日の月

hitotsu to wa / omowanu yo nari / kyô no tsuki

大島 蓼太

茸狩や頭を挙れば峰の月

takegari ya / tô o agureba / mine no tsuki

蕪村

Toute la nuit
sous la lune ronde
à faire le tour de l'étang
Bashô

Fût-ce en mille éclats
elle est toujours là —
la lune dans l'eau !
Ueda Chôshû

Au milieu de la casserole
parmi les patates —
le clair de lune !
Morikawa Kyoriku

La lune de ce soir —
impensable
qu'elle soit la seule !
Ôshima Ryôta

Cueillant des champignons
je lève la tête —
la lune est sur la cime
Buson

月を松に懸けたり外しても見たり

tsuki o matsu ni / kaketari hazushite mo / mitari

立花北支

雲をりをり人をやすめる月見かな

kumo ori ori / hito o yasumeru / tsukimi kana

芭蕉

寺に寝てまこと顔なる月見哉

tera ni nete / makoto-gao naru / tsukimi kana

芭蕉

身の秋や月は無瑕の月ながら

mi no aki ya / tsuki wa mukizu no / tsuki nagara

一茶

我をつれて我かげ帰る月見かな

ware o tsurete / waga kage kaeru / tsukimi kana

山口素堂

Suspendre la lune au pin —
la décrocher
pour mieux la contempler !
TACHIBANA HOKUSHI

Aux admirateurs de lune
les nuages parfois
offrent une pause
BASHÔ

Une nuit au temple —
la lune
au plus clair de mon visage
BASHÔ

À l'automne de ma vie —
la lune est sans tache
et pourtant[24]
ISSA

Après avoir contemplé la lune
mon ombre
me raccompagne
YAMAGUCHI SODÔ

声かれて猿の歯白し峰の月

koe karete / saru no ha shiroshi / mine no tsuki

宝井其角

名月に犬ころ捨てる下部哉

meigetsu ni / inukoro suteru / shimobe kana

蕪村

月を笠に着て遊ばゝや旅のそら

tsuki o kasa ni / kite asobabaya / tabi no sora

田上 菊舎

名月や舟を放てば空に入る

meigetsu ya / fune o hanateba / sora ni iru

幸田露伴

日々日々に時雨の降れば人老いぬ

hibi hibi ni / shigure no fureba / hito oinu

良寛

Le singe à la voix rauque
découvre ses dents —
lune sur le sommet
TAKARAI KIKAKU

Sous la pleine lune
le domestique
abandonne un chiot
BUSON

Je voudrais tant partir —
coiffée de lune
sous le ciel vagabond !
TAGAMI KIKUSHA-NI

Au clair de lune
je laisse ma barque
pour entrer dans le ciel
KÔDA ROHAN

Jour après jour
tombe la bruine
la vieillesse me saisit
RYÔKAN

野ざらしを心に風のしむ身哉

nozarashi o / kokoro ni kaze no / shimu mi kana

芭蕉

しぐるるや死なないでゐる

shigururu ya shinanai de iru

山頭火

しぐるるやあるだけの御飯よう炊けた

shigururu ya / aru dake no gohan / yô taketa

山頭火

しぐるるや道は一すじ

shigururu ya michi wa hitotsuji

山頭火

朝顔に吹きそめてより秋の風

asagao ni / fuki somete yori / aki no kaze

三浦樗良

Cœur
blanchi par la pluie
carcasse battue par les vents !
Bashô

Verse l'averse d'automne —
je ne suis
pas encore mort
Santôka

Verse l'averse d'automne —
j'ai longtemps fait cuire
mes quelques grains de riz
Santôka

Verse l'averse d'automne —
le chemin
encore et toujours
Santôka

Le vent d'automne
souffle d'abord
sur les volubilis
Miura Chora

秋風やむしりたがりし赤い花

aki kaze ya / mushiri tagarishi / akai hana

一茶

秋の風我が参るはどの地獄

aki no kaze / ware ga mairu wa / dono jigoku

一茶

馬下りて川の名問へば秋の風

uma orite / kawa no na toeba / aki no kaze

子規

がっくりと 抜け初むる歯や 秋の風

gakkuri to / nukesomuru ha ya / aki no kaze

杉山杉風

野分やんで鼠のわたるながれかな

nowaki yande / nezumi no wataru / nagare ka na

蕪村

Sous la brise d'automne
ces fleurs rouges
qu'elle aurait tant aimé arracher
ISSA

J'avance
dans le vent d'automne —
vers quel enfer ?
ISSA

Descendant de cheval
dans le vent d'automne
j'ai demandé le nom du fleuve
SHIKI

Mauvaise passe !
mes dents se déchaussent
au vent d'automne
SUGIYAMA SAMPÛ

La bourrasque a cessé —
une souris
traverse le courant
BUSON

美しや野分のあとの唐辛子

utsukushi ya / nowaki no ato no / tôgarashi

蕪村

身にしみて大根からし秋の風

mi ni shimite / daikon karashi / aki no kaze

芭蕉

露の世は露の世ながらさりながら

tsuyu no yo wa / tsuyu no yo nagara / sarinagara

一茶

しらつゆに浄土参りのけいこかな

shiratsuyu ni / jôdomairi no / keiko kana

一茶

露の玉一つ一つに古郷あり

tsuyu no tama / hitotsu hitosu to / kokyô ari

一茶

Si beau
après la bourrasque —
le piment rouge !
BUSON

Dans le goût mordant du radis
je sens
le vent d'automne
BASHÔ

Monde de rosée
rosée du monde —
et pourtant
ISSA

Dans la rosée blanche
je m'exerce
au paradis
ISSA

Dans chaque perle de rosée
tremble
mon pays natal
ISSA

蓮の葉に此世の露は曲りけり

hasu no ha ni / kono yo no tsuyu wa / magari keri

一茶

白つゆに淋しき味を忘るるな

shira tsuyu ni / sabishiki aji o / wasururu na

芭蕉

露ちるや地獄の種をけふも蒔く

tsuyu chiru ya / jigoku no tane o / kyô mo maku

一茶

おく露は馬の涙か秋の山

oku tsuyu wa / uma no namida ka / aki no yama

一茶

馬上より手綱ゆるめる清水哉

bajô yori / tazuna yurumeru / shimizu kana

子規

Sur la feuille de lotus
tourne
la rosée du monde
Issa

La rosée blanche —
n'oublie jamais
son goût de solitude !
Bashô

La rosée se dissipe —
aujourd'hui encore
je sèmerai des graines d'enfer !
Issa

Vapeur de rosée —
ou larmes d'un cheval
dans la montagne d'automne ?
Issa

À cheval
dans l'eau limpide
je lâche les rênes !
Shiki

夕陽に馬洗ひけり秋の海

sekiyô ni / uma arai keri / aki no umi

子規

もやの中水音逢ひに行くなり

moya no naka / mizu oto ai ni / iku nari

放哉

門を出て十歩に秋の海廣し

mon o dete / juppo ni aki no / umi hiroshi

子規

魂棚は露も涙も油かな

tama dana wa / tsuyu mo namida mo / abura kana

服部嵐雪

古犬が先に立也はか参り

furu inu ga / saki ni tatsu nari / haka mairi

一茶

Au couchant
je lave mon cheval
dans la houle d'automne
SHIKI

Au fond de la brume
le bruit de l'eau —
je pars à sa rencontre
HÔSAI

Passé la porte
à dix pas —
si vaste l'océan d'automne !
SHIKI

Sur la tablette des âmes
brûlent aussi
les larmes et la rosée[25]
HATTORI RANSETSU

Pèlerinage aux tombes —
le vieux chien
montre la voie
ISSA

末の子や御墓参の箒持

sue no ko ya / ohaka mairi no / hôki mochi

一茶

人に似て月夜の案山子あはれなり

hito ni nite / tsukiyo no kakashi / awarenari

子規

山畑は笠に雲おく案山子哉

yamabata wa / kasa ni kumo oku / kakashi kana

子規

神に火をあげて戻れば鹿の声

kami ni hi o / agete modoreba / shika no koe

子規

鴉啼いてわたしも一人

karasu naite watashi mo hitori

山頭火

Pèlerinage aux tombes —
le plus jeune enfant
porte le balai
ISSA

Ils ressemblent aux hommes
les épouvantails du clair de lune —
si pitoyables !
SHIKI

Sur les champs des hauteurs
les épouvantails
se coiffent d'un nuage
SHIKI

J'offre une flamme au dieu[26] —
au retour
le brame du daim
SHIKI

Un corbeau graille —
moi aussi
je suis seul
SANTÔKA

秋の季の赤蜻蛉に定まりぬ

aki no ki no / akatombo ni / sadamarinu

加舎白雄

石にとんぼはまひるのゆめみる

ishi ni tonbo wa hiru no yume miru

山頭火

遠山が目玉にうつるとんぼ哉

tôyama ga / medama ni utsuru / tonbo kana

一茶

なき人のしるしの竹に蜻蛉哉

naki hito no / shirushi no take ni / tonbo kana

高井几董

むざんやな甲の下のきりぎりす

muzan ya na / kabuto no shita no / kirigirisu

芭蕉

La libellule rouge
ouvre
la saison d'automne
KAYA SHIRAO

Sur une pierre
la libellule
rêve en plein jour
SANTÔKA

Les montagnes au loin —
reflet dans les prunelles
d'une libellule
ISSA

Sur le bambou qui marque
la tombe du défunt
une libellule
TAKAI KITÔ

Cruauté cruauté
sous le casque —
un criquet
BASHÔ

白露の玉ふんがくなきりぎりす

shira tsuyu no / tama fungaku na / kirigirisu

一茶

秋の蚊や死ぬる覚悟でわれを刺す

aki no ka ya / shinuru kakugo de / ware o sasu

子規

死にかけて猶やかましき秋の蝉

shi ni kakete / nao yakamashiki / aki no semi

子規

虫の音の中に咳出す寝覚哉

mushi no oto / no naka ni seki dasu / nezame kana

内藤丈草

虫鳴くや月出でゝ猶暗き庭

mushi naku ya / tsuki idete nao / kuraki niwa

子規

Sauterelle —
n'écrase pas
les perles de rosée blanche !
Issa

Ils me piquent
les moustiques d'automne —
résolus à mourir
Shiki

Au bord de la mort
plus crépitante encore
la cigale de l'automne
Shiki

Réveillé en pleine nuit
je mêle ma toux
au cri des insectes
Naitô Jôsô

Les insectes crient
la lune sort
le jardin s'assombrit
Shiki

行水の捨てどころなき虫の声

gyôzui no / sutedokoro naki / mushi no koe

上島鬼貫

蚯蚓鳴く六波羅蜜寺しんのやみ

mimizu naku / rokuharamitsuji / shin no yami

川端茅舎

秋となった雑草にすはる

aki to natta zassô ni suwaru

山頭火

散る柳 あるじも我も 鐘を聞く

chiru yanagi / aruji mo ware mo / kane o kiku

芭蕉

朝がほや一輪深き淵のいろ

asagao ya / ichirin fukaki / fuchi no iro

蕪村

Nul endroit
où cracher l'eau des ablutions —
les insectes crient
UESHIMA ONITSURA

Devant le temple des Six Vertus
au fond des ténèbres
les vers de terre crient[27]
KAWABATA BÔSHA

Les herbes folles
se couvrent d'automne —
je m'assieds
SANTÔKA

Le saule s'effeuille —
nous écoutons la cloche
le maître et moi
BASHÔ

Si profonde
cette belle-de-jour
à la couleur d'abîme !
BUSON

看経の間を朝顔の盛哉

kankin no / ma o asagao no / sakari kana

森川許六

人をそしる心をすて豆の皮むく

hito o soshiru kokoro o sute mame no kawa muku

放哉

どっしりと尻を据えたる南瓜かな

dosshiri to / shiri o suetaru / kabocha kana

漱石

桟や命をからむ蔦葛

kakehashi ya / inochi o karamu / tsuta kazura

芭蕉

柿もぎの金玉寒し秋の風

kaki mogi no / kindama samushi / aki no kaze

良寛

Je récite les soûtras —
les belles-de-jour
s'épanouissent
MORIKAWA KYORIKU

Dénigrer autrui ?
je me lave l'esprit
en écossant mes pois[28]
HÔSAI

Monstre
il montre son cul rond
le potiron
SÔSEKI

Sur ce pont suspendu
nos vies s'enroulent
aux sarments de lierre
BASHÔ

À cueillir des kakis
mes boules dorées se hérissent
au vent d'automne
RYÔKAN

柿喰の発句好みと伝ふべし

kaki kui no / hokku konomi to / tsutau beshi

子規

我聲の風になりけり茸狩

waga koe no / kaze ni narikeri / kinokogari

子規

紫陽花や青に決まりし秋の雨

ajisai ya / ao ni kimarishi / aki no ame

子規

糸瓜咲て痰のつまりし仏かな

hechima saite / tan no tsumarishi / hotoke kana

子規

ものいわず客と亭主と白菊と

mono iwazu / kyaku to teishu to / shiragiku to

大島蓼太

Dites-leur bien
que j'étais un mangeur de kakis
aimant les haikus !
SHIKI

Je cueille des champignons —
ma voix
devient le vent !
SHIKI

Pluie d'automne —
les hortensias
se décident pour le bleu
SHIKI

Luffa en fleur —
étouffé par les crachats
je deviens un Bouddha[29]
SHIKI

Sans un mot —
l'hôte l'invité
le chrysanthème blanc
ÔSHIMA RYÔTA

しろじろと花びらそりぬ月の菊

shirojiro to / hanabira sorinu / tsuki no kiku

杉田久女

見尽くした目は白菊に戻りけり

mi tsukushita / me wa shiragiku ni / modori keri

小杉一笑

ともすれば菊の香寒し病みあがり

to mo sureba / kiku no ka samushi / yami agari

岩間乙二

有る程の菊投げ入れよ棺の中

aru hodo no / kiku nage ireyo / kan no naka

漱石

Ils cambrent leurs pétales
de blancheur —
les chrysanthèmes de lune !
Sugita Hisajo

Mes yeux
qui ont tout épuisé
reviennent au chrysanthème blanc
Kosugi Isshô

Pour le convalescent
les chrysanthèmes
ont une odeur de froid
Iwama Otsuni

Sur le cercueil[30]
jeter des brassées de chrysanthèmes —
rien d'autre à faire
Sôseki

Hiver
冬
Fuyu

葱白く洗ひたてたる寒さかな

negi shiroku / araitate taru / samusa kana

芭蕉

皿を踏む鼠の音のさむさ哉

sara o fumu / nezumi no oto no / samusa kana

蕪村

歯豁に筆の氷を噛む夜哉

ha arawa ni / fude no kôri o / kamu yo kana

蕪村

ただ寒し天狭くして水青く

tada samushi / sora semaku shite / mizu aoku

漱石

Poireaux lavés
poireaux tout blancs —
comme ils ont froid !
BASHÔ

Une souris piétine
une assiette —
bruit froid !
BUSON

Avec un chicot
je mords mon pinceau gelé
dans la nuit
BUSON

Le froid le froid —
l'eau bleuit
le ciel se rétrécit
SÔSEKI

身にしむや亡妻の櫛を閨に踏む

mi ni shimu ya / bôsai no kushi o / neya ni fumu

蕪村

師走の夜のつめたい寝床が一つあるきり

shiwasu no yoru no tsumetai nedoko hitotsu aru kiri

放哉

我が骨の布団に触る霜夜かな

waga hone no / futon ni sawaru / shimoyo kana

蕪村

櫓声波を打って腸氷る夜や涙

rosei nami o utte / harawata kôru / yo ya namida

芭蕉

年暮れぬ笠着て草鞋はきながら

toshi kurenu / kasa kite waraji / haki nagara

芭蕉

Dans la chambre
ce froid vif sous mon pied —
le peigne de ma femme morte
BUSON

Dans la nuit de décembre
un lit glacé —
voilà tout ce que j'ai
HÔSAI

Nuit de gel —
mes os
raclent le matelas !
BUSON

Glaçant mon ventre
les rames frappent la vague —
nuit de larmes
BASHÔ

L'année prend fin —
toujours le même chapeau
les mêmes sandales de paille !
BASHÔ

冬の月川風岩をけづるかな

fuyu no tsuki / kawakaze iwa o / kezuru kana

三浦樗良

山鳥の寝かねる声に月寒し

yamadori no / nekaneru koe ni / tsuki samushi

宝井其角

曙や霧にうづまく鐘の声

akebono ya / kiri ni uzumaku / kane no koe

芭蕉

旅人と我が名呼ばれむ初時雨

tabibito to / waga na yobaremu / hatsu shigure

芭蕉

淋しさの底抜けて降る霙かな

sabishisa no / soko nukete furu / mizore kana

内藤丈草

Lune froide —
le vent de la rivière
aiguise les rochers
Miura Chora

Insomniaque
le faisan criaille —
la lune se glace
Takarai Kikaku

Au point du jour
en tourbillons de brume
la voix de la cloche
Bashô

Première bruine —
j'aurai pour nom
« le voyageur »
Bashô

Il givre et grésille —
sans fin sans fond
la solitude
Naitô Jôsô

瓶割るる夜の氷の寝覚め哉

kame waruru / yoru no kôri no / nezame kana

芭蕉

借りて寝ん案山子の袖や夜半の霜

karite nen / kakashi no sode ya / yowa no shimo

芭蕉

いたくも狂へる馬ぞ一面の大霜

itakumo kurueru uma zo ichimen no ôjimo

放哉

生死の中の雪ふりしきる

seishi no naka no yuki furishikiru

山頭火

いざさらば雪見にころぶ所まで

iza saraba / yuki mi ni korobu / tokoro made

芭蕉

Cruche brisée
par le gel de la nuit —
je me lève en sursaut !
BASHÔ

Minuit de givre —
j'ai emprunté pour dormir
la manche de l'épouvantail !
BASHÔ

Il s'emballe
le cheval
sur un tapis de gelée blanche
HÔSAI

Au milieu de la vie
au milieu de la mort
la neige sans répit
SANTÔKA

Viens
allons voir la neige
jusqu'à nous ensevelir !
BASHÔ

二人見し雪は今年も降りけるか

futari mishi / yuki wa kotoshi mo / furikeru ka

芭蕉

眞直な小便穴や門の雪

massuguna / shôben ana ya / kado no yuki

一茶

宿かさぬ火影や雪の家つづき

yado kasanu / hokage ya yuki no / ie tsuzuki

蕪村

これがまあ終の栖か雪五尺

korega mâ / tsui no sumika / yuki goshaku

一茶

鉄鉢の中へも霰

tetsu hachi no naka e mo arare

山頭火

Neige qui tombais sur nous deux —
es-tu la même
cette année ?
BASHÔ

Ce trou parfait
que je fais en pissant
dans la neige à ma porte !
ISSA

À travers la neige
les lumières des maisons
qui m'ont claqué la porte au nez
BUSON

La voilà
ma demeure ultime —
cinq pieds de neige !
ISSA

Dans mon bol en fer
en guise d'aumône
la grêle
SANTÔKA

ちる霰立小便の見事さよ

chiru harare / tachi shôben no / migotosa yo

一茶

御仏の御鼻の先へつらゝ哉

mihotoke no / ohana no saki ni / tsurara kana

一茶

大徳の糞ひりおはす枯野かな

daitoku no / fun hiri owasu / kareno kana

蕪村

十一騎面もふらぬ吹雪かな

jûichi ki / omote mo furanu / fubuki kana

子規

木枯を馬上ににらむ男かな

kogarashi o / maue ni niramu / otoko kana

良寛

Merveille !
pisser debout
sous un déluge de grêle !
Issa

Sous le divin nez
du divin Bouddha
pend une morve de glace
Issa

Le maître abbé —
voilà qu'il pose sa crotte
sur la lande en friche !
Buson

Onze cavaliers
filent dans le blizzard
sans tourner la tête
Shiki

Sur son cheval
dans le vent qui cingle
l'homme au regard fixe
Ryôkan

枯野かな茅花の時の女櫛 西鶴

kareno kana / tsubana no toki no / onnagushi

井原西鶴

旅に病んで夢は枯野をかけ廻る

tabi ni yande / yume wa kare no o / kake meguru

芭蕉

骨立を吹けば疾む身に野分かな

kotsuritsu o / fukeba yamu mi ni / nowaki kana

漱石

冬ざれや狢をつるす軒の下

fuyu zare ya / tanuki o tsurusu / noki no shita

漱石

のら猫の糞して居るや冬の庭

noraneko no / fun shite iru ya / fuyu no niwa

子規

Sur la lande sans vie
un peigne de femme
du temps des herbes folles
IHARA SAIKAKU

Malade en voyage
mon rêve court
la lande en friche
BASHÔ

La peau et les os —
la bourrasque emporterait
mon corps malade !
SÔSEKI

Hiver dévasté —
un blaireau
suspendu sous l'auvent
SÔSEKI

Il chie
le chat errant
dans le jardin tout blanc
SHIKI

冬川にすてたる犬の屍かな

fuyu kawa ni / sutetaru inu no / kabane kana

子規

提灯の猶あわれなり寒念仏

chôchin no / nao aware nari / kan nembutsu

蕪村

釈迦に問ふて見たきことあり冬籠り

shaka ni toute / mitaki koto ari / fuyugomori

子規

埋火も消ゆや涙の烹ゆる音

uzumi-bi mo / kiyu ya namida no / niyuru oto

芭蕉

すくみ行くや馬上に氷る影法師

sukumi yuku ya / bajô ni kôru / kagebôshi

芭蕉

Un cadavre de chien
dérive
dans le courant glacé
SHIKI

Plus émouvantes encore
à la lumière des lanternes
les prières des nuits froides
BUSON

Tout seul en hiver
j'aimerais poser une question
au Bouddha
SHIKI

Mes larmes grésillent
en éteignant
les braises
BASHÔ

Pétrifiée
sur mon cheval —
mon ombre glacée !
BASHÔ

金持ちも熊も来てのむ清水哉

kanemochi mo / kuma mo kite nomu / shimizu kana

子規

狼は糞を見てさへ寒さかな

okami wa / fun o mite sae / samusa kana

一茶

海暮れて鴨の声ほのかに白し

umi kurete / kamo no koe / honoka ni shiroshi

芭蕉

声なくば鷺こそ雪の一つくね

koe nakuba / sagi koso yuki no / hitotsukune

山崎宗鑑

暁や鯨の吼える霜の海

akatsuki ya / kujira no hoeru / shimo no umi

加藤暁臺

À cette eau pure
les riches se désaltèrent —
les ours aussi
SHIKI

Le loup !
rien qu'à voir ses crottes
on tremble de froid
ISSA

La nuit tombe sur la mer —
le cri des colverts
s'éclaircit
BASHÔ

Muettes
les aigrettes traceraient au ciel
une ligne de neige
YAMAZAKI SÔKAN

À l'aube
soufflent les baleines
dans l'écume givrée
KATÔ GYÔDAI

尾頭の心もとなき海鼠哉

okashira no / kokoromoto naki / namako kana

向井去来

憂きことを海月に語る海鼠かな

uki koto o / kurage ni kataru / namako kana

黒柳召波

斧入れて香におどろくや冬木立

ono irete / ka ni odoroku ya / fuyu kodachi

蕪村

百歳の気色を庭の落葉哉

momo tose no / keshiki o niwa no / ochiba kana

芭蕉

落葉おちかさなりて雨雨を打つ

ochiba ochi / kasanarite ame / ame o utsu

加藤暁臺

Concombre de mer —
tu n'as ni queue
ni tête !
Mukai Kyorai

À la méduse
le concombre de mer
confie son amertume
Kuroyanagi Shôha

Un coup de hache
dans la forêt d'hiver —
l'odeur me prend
Buson

Dans ce jardin
un siècle
de feuilles mortes !
Bashô

Les feuilles tombent
sur les feuilles —
la pluie tombe sur la pluie
Katô Gyôdai

APPENDICES

Bibliographie

Sources japonaises

Haikushû (Anthologie de haiku), in *Nihon no shika*, vol. 30, sous la direction de Inoue Yasushi, Yamamoto Kenkichi, Itô Hitoshi et Itô Kenkichi, Chûokôronsha, 1976.

Issa-shû (Recueil d'Issa), Shûeisha, 1970.

Kawaguchi Seitei, *Ryôkan no haiku* (Les Haiku de Ryôkan), Yugawa, 1977.

Kinseihaikuhaibunshi (Anthologie de haiku et haibun des temps modernes), in *Nihonkotenbungakutaikei*, vol. 92, Iwanami-shoten, 1964.

Matsuo Bashô-shû (Recueil de Bashô), Shogakkan, 1972.

Shiki-kushû (Anthologie de haiku de Shiki), choix de Takahama Kyoshi, Iwanamibunko, 1993.

Taneda Santôka, *Sômokutô* (Pagode végétale), Shunyôdôsnoten, 1979.

Yosa Buson-shû (Recueil de Buson), Shinkosha, 1979.

Ouvrages en anglais

Blyth R.H., *Haiku*, 4 vol., Hokuseidô Press, 1950-1952.

— *History of Haiku*, Hokuseidô Press, 1968-1969.

Donegan Patricia et Ishibashi Yoshie, *Chiyo-ni, Woman Haiku Master*, Tuttle Publishing, 1998.

Haiku, an Anthology, edited by Faubion Powers, Dover Thrift Editions, 1996.

Higginson William J., *The Haiku Handbook*, Kodansha International, 1989.

Ueda Makoto, *Modern Japanese Haiku, an Anthology*, University of Toronto Press, 1982.

Yasuda Kenneth, *The Japanese Haiku*, Tuttle Publishing, 1957.

Ouvrages en français

Bonneau Georges, *Anthologie de la poésie japonaise*, Paul Geuthner, 1935.

— *Le Haiku*, Paul Geuthner, 1935.

Buson, *Haiku*, trad. Nobuko Imamura et Alain Gouvret, Arfuyen, 1983.

— *Haiku*, trad. Joan Titus-Carmel, La Différence, coll. « Orphée », 1990.

Caillois Roger, *Esthétique généralisée*, Gallimard, 1962.

Calaferte Louis, *Haikai du jardin*, L'Arpenteur, 1991.

Coyaud Maurice, *Fourmis sans ombre : Le livre du haiku*, Phébus, 1978.

— *Tanka Haiku Renga — Le Triangle magique*, Les Belles Lettres, 1996.

Daruma, revue d'études japonaises, sous la direction de Yves-Marie Allioux, Philippe Picquier, n° 1, 1997 ; n° 3, 1998 ; n° 5, 1999.

Giraud Daniel, *Les Chrysanthèmes dans le cercueil*, Derrière la Salle de Bains, 1996.

Haiku, présentés et transcrits par Philippe Jaccottet, dessins d'Anne-Marie Jaccottet, Fata Morgana, coll. « Les Immémoriaux », 1996.

Issa, *Haiku*, trad. Joan Titus-Carmel, Verdier, 1994.

— *Sous le ciel de Shinano*, trad. Alain Gouvret et Nobuko Imamura, Arfuyen, 1984.

— *En village de miséreux*, trad. Jean Cholley, Gallimard, coll. « Connaissance de l'Orient », 1996.

Jourdan Michel, *Journal du réel gravé sur un bâton*, préface d'Yves Bonnefoy, Éditions du Rocher, 2003.

Kervern Alain, *Malgré le givre — essai sur la permanence du haiku*, Folle Avoine, 1987.

— *Grand almanach poétique japonais*, 5 vol., Folle Avoine : *Matin de neige — le nouvel an*, 1988 ; *Le Réveil de la loutre — le printemps*, 1990 ; *La Tisserande et le Bouvier — l'été*, 1992 ; *À l'ouest blanchit la lune — l'automne*, 1992 ; *Le Vent du nord — l'hiver*, 1994.

— *Bashô et la poétique du haiku*, Bernard-Lacoste, 1995.

« La traduction en jeu », collectif, *Change*, n° 19, Seghers, 1974.

Maruya Saiichi, *L'Ombre des arbres*, trad. Aude Fieschi, Philippe Picquier, 1993.

Matsuo Bashô, *Cent cinq haikai*, trad. Koumiko Muraoka et Fouad El-Etr, La Délirante, 1979.

— *Le Manteau de pluie du singe*, trad. René Sieffert, POF, 1986.

— *L'Ermitage d'illusion*, trad. Jacques Bussy, La Délirante, 1988.

— *Journaux de voyage*, trad. René Sieffert, POF, 1988.

— *Jours de printemps*, trad. Alain Kervern, Arfuyen, 1988.

— *Cent onze haiku*, trad. Joan Titus-Carmel, Verdier, 1998.

Munier Roger, *Haiku*, préface d'Yves Bonnefoy, Fayard, 1978.

Neige d'août, « Lyrisme et Extrême-Orient », Association Lumière d'août, Nevers, Cahier n° 1, 1999.

Ooka Makoto, *Poèmes de tous les jours*, trad. Yves-Marie Allioux, Philippe Picquier, 1993.

Ozaki Hôsai, *Portrait d'un moineau à une patte*, trad. Makoto Kemmoku et Alain Kervern, Folle Avoine, 1991.

Ryôkan, *Les 99 haiku de Ryôkan*, trad. Joan Titus-Carmel, Verdier, 1986.

Santôka, *Zen, saké, haiku,* trad. Wingfun Cheng et Hervé Collet, Moundarren, 1990.

Seghers Pierre, *Le Livre d'or du haikai,* avec la collaboration de Claude Gertler, Robert Laffont, coll. « Miroir du monde », 1984.

Notes

1. Selon l'usage japonais, le nom de famille précède toujours le prénom. Les Japonais ont coutume de nommer familièrement leurs auteurs préférés par leur seul « prénom de plume » (c'est le cas de Bashô, Buson, Issa, Sôseki, Shiki et bien d'autres). Pour simplifier et faciliter les recherches, nous signalons nom et prénom à la première occurrence, puis uniquement le prénom pour ces poètes emblématiques : Bashô, Buson, Issa, Shiki, Sôseki, ainsi que Hôsai et Santôka.

2. Dans le texte original, la sardine est dessinée, tête pointant vers le haut. En peignant le mot, Buson le peintre revient aux sources de l'écriture japonaise, puisque à l'origine les idéogrammes étaient des dessins stylisés.

3. Cette flamme est aussi celle de la conscience passant d'une incarnation à l'autre.

4. Pour éviter la monotonie, nous avons parfois diversifié la traduction des mots de saison identiques. Ainsi, il s'agit ici, comme dans le haiku précédent et dans le suivant, de *kagerô*, la brume de

chaleur printanière. La langue japonaise poétique et littéraire n'a pas les mêmes réticences que le français envers la répétition : elle a valeur de référence, et sert de tremplin à une inspiration toujours renouvelée.

5. Les haikus de Taneda Santôka étant de forme libre et ne respectant pas le nombre de syllabes traditionnel, nous avons omis d'indiquer les césures, tout comme pour ceux de Ozaki Hôsai (voir préface p. 10), sauf lorsque le nombre de syllabes se différencie peu du modèle 5-7-5 (par exemple 6 -7-5 ou 5-7-3). En effet, on trouve aussi dans le haiku classique — et chez Bashô lui-même — des poèmes comptant une syllabe ajoutée ou retranchée. Le procédé, toujours volontaire, est destiné à produire un effet particulier.

6. Dans l'original, le sujet n'est pas précisé, si bien que notre choix de traduction aurait pu se porter sur « elle » (l'alouette). Mais ici, de toute évidence, le poète s'identifie à l'oiseau, dans un élan de tout son être, avec une référence implicite aux « mangeurs de brume » de la tradition chan, errant dans les montagnes, aux confins du ciel.

7. Nous avons opté pour une traduction très libre de ce célèbre haiku, afin de rendre compte de l'éclaboussement soudain venu rompre le calme, que suggère visuellement la forme même du sinogramme 水 (« eau »).

8. Chaque année, les quelques jours de la pleine floraison des cerisiers sont l'occasion de grands pique-niques et beuveries sous les arbres : c'est

hanami, la fête des Cerisiers ou « Contemplation des fleurs ».

9. Les fleurs de cerisier symbolisent l'impermanence. Le « monde flottant » (*uki-yo* — terme d'origine bouddhique) désigne notre monde éphémère. Le poète-voyageur vit de bonheurs simples : le saké blanc (épais, laiteux) et le riz brun (non décortiqué).

10. Après l'incinération, les proches du défunt ramassent avec des baguettes les os non consumés, qui seront placés dans l'urne funéraire.

11. Masaoka Shiki renoue ici avec la veine irrévérencieuse et satirique des haikus du XVIIe siècle. Pour contempler la lune, le poète tourne le dos à un objet sacré, alors que les convenances l'interdisent.

12. Masaoka Shiki mourut de la tuberculose à trente-cinq ans.

13. Si les nuages sont promesse de pluie, le serpent est lié lui aussi, dans le bestiaire extrême-oriental, à l'eau et à la fertilité (comme le dragon).

14. En japonais, le mot « bleu » désigne aussi le vert de la nature. Le « vent bleu » est une brise qui souffle en été à travers les feuillages.

15. Matsuo Bashô, adepte du zen lui-même, joue sur le double sens du verbe *satoru* : « comprendre » et « réaliser » au sens du plus haut achèvement (éveil, *satori*). Selon un de ces paradoxes chers au zen, celui qui ne sait rien possède la vraie connaissance.

16. Après l'humidité de la saison des pluies, on met les vêtements à sécher au soleil. La présence de ce kimono funèbre évoque à merveille

l'irruption de la mort au milieu des activités de la vie. À l'âge de trente ans, Morikawa, issu d'une famille de samouraïs, avait perdu tous ses proches.

17. L'expression « devenir bouddha », outre son sens littéral, signifie aussi « mourir » (le terme « bouddha » est employé pour désigner — avec respect — un cadavre).

18. Il s'agit d'un gong de temple, à l'ombre duquel les moustiques s'abritent durant le jour.

19. La nonne bouddhiste Chiyo-ni rédigea ce poème sur son lit de mort.

20. Outre la puissante impression de solitude qui s'en dégage, ce poème témoigne d'un art parfaitement abouti, en ce qu'il fait résonner l'infiniment grand (le soleil), l'infiniment petit (la cigale) et la dimension humaine (la maison vide). Dans la symbolique bouddhique, la maison représente la conscience ordinaire — et la maison vide le retour à la vacuité originelle.

21. Ogawa Shûshiki écrivit ce haiku sur son lit de mort. Si la vie est un rêve, une illusion, la mort vient comme la promesse d'un éveil à une lumière plus intense, pareille au violet des iris, couleur traditionnellement associée aux jeunes filles.

22. Chiyo-ni aurait écrit ce haiku aux résonances lancinantes à l'occasion de la mort de sa mère. Le violet des nuages évoque une fumée de crémation, tandis que les iris sont comme les motifs d'un kimono d'été.

23. Le singe, c'est l'homme ; la nuit, l'aveuglement de la vie humaine ; la lune, l'enseignement éclairant du Bouddha.

24. Cette lune désigne aussi « le miroir sans tache » de la pure conscience.

25. À l'intérieur de la maison, les tablettes funéraires dédiées aux âmes des défunts sont installées sur un autel. La rosée des fleurs déposées en offrande, les larmes versées forment le combustible qui entretient la flamme du souvenir.

26. Offrande aux *kami*, dieux personnifiant la nature dans le culte animiste shinto.

27. Ce haiku à l'accent mystérieux, à la fois ésotérique et désespéré, évoque toute la détresse de la destinée humaine : nous sommes ces créatures rampant sur terre, aspirant tant bien que mal à réaliser les six *paramita*, les six vertus bouddhiques menant à l'éveil.

28. Hôsai travailla comme bouddhiste laïque dans plusieurs temples du Japon. Selon la pratique bouddhique, les activités les plus prosaïques (se laver, faire la lessive, éplucher des légumes, etc.) sont autant de tremplins pour la méditation et la purification de l'esprit.

29. Ce poème écrit par Masaoka Shiki, atteint de tuberculose, s'emplit de résonances diverses et profondes ; le terme « Bouddha » évoque fortement la mort puisqu'il désigne aussi bien un être éveillé qu'un cadavre. Et l'aspect spongieux du luffa n'est pas sans rappeler celui des poumons…

30. Il s'agit du cercueil de Masaoka Shiki, ami de Natsume Sôseki.

Index alphabétique des auteurs

DANS LA MÊME COLLECTION

Dernières parutions

ANGLAIS

ADICHIE *The Arrangements and Other Stories* / Les arrangements et autres histoires
AUSTEN *Lady Susan* / Lady Susan
BARNES *Letters from London (selected letters)* / Lettres de Londres (choix)
BARNES *Levels of Life* / Quand tout est déjà arrivé
BRADBURY *The Illustrated Man and other short stories* / L'Homme Illustré et autres nouvelles
CAPOTE *Breakfast at Tiffany's* / Petit déjeuner chez Tiffany
CAPOTE *Music for Chameleons* / Musique pour caméléons
CARROLL *Alice's Adventures in Wonderland* / Les Aventures d'Alice au pays des merveilles
COE *9th and 13th* / 9e et 13e (Désaccords imparfaits)
COLLECTIF (E. Wharton, H. P. Lovecraft, F. Brown) *Bloody Tales* / Histoires sanglantes
COLLECTIF (Amis, Swift, McEwan) *Contemporary English Stories* / Nouvelles anglaises contemporaines
COLLECTIF (Fitzgerald, Miller, Charyn) *New York Stories* / Nouvelles new-yorkaises
CONAN DOYLE *Silver Blaze and other adventures of Sherlock Holmes* / Étoile d'argent et autres aventures de Sherlock Holmes
CONAN DOYLE *The Final Problem and other adventures of Sherlock Holmes* / Le dernier problème et autres aventures de Sherlock Holmes
CONAN DOYLE *The Man with the Twisted Lip and other adventures of Sherlock Holmes* / L'homme à la lèvre tordue et autres aventures de Sherlock Holmes
CONRAD *Gaspar Ruiz* / Gaspar Ruiz
CONRAD *Heart of Darkness* / Au cœur des ténèbres
CONRAD *The Duel* / Le duel
CONRAD *The Secret Sharer* / Le Compagnon secret
CONRAD *Youth* / Jeunesse
DAHL *My Lady Love, my Dove* / Ma blanche colombe
DAHL *Road's Revolting Recipes* / Les irrésistibles recettes de Roald Dahl
DAHL *The Great Switcheroo* / *The Last Act* / La grande entourloupe / Le dernier acte
DAHL *The Umbrella Man and other stories* / L'homme au parapluie et autres nouvelles

DICK *Minority Report* / Rapport minoritaire
DICKENS *A Christmas Carol* / Un chant de Noël
DICKENS *The Cricket on the Hearth* / Le grillon du foyer
FAULKNER *A Rose for Emily* / *That Evening Sun* / *Dry September* / Une rose pour Emily / Soleil couchant / Septembre ardent
FAULKNER *The Wishing Tree* / L'Arbre aux Souhaits
FITZGERALD *Tales of the Jazz Age (selected stories)* / Les enfants du jazz (choix)
FITZGERALD *The Crack-Up and other stories* / La fêlure et autres nouvelles
FITZGERALD *The Rich Boy and Other Stories* / Le garçon riche et autres histoires
FORSYTH *The Shepherd* / Le berger
HAMMETT *The Gutting of Couffignal* / *Crooked Souls* / Le sac de Couffignal / Âmes malhonnêtes
HARDY *Two Stories from Wessex Tales* / Deux contes du Wessex
HAWTHORNE *Tales from New England* / Contes de la Nouvelle-Angleterre
HEMINGWAY *Fifty Grand and other short stories* / Cinquante mille dollars et autres nouvelles
HEMINGWAY *The Northern Woods* / Les forêts du Nord
HEMINGWAY *The Old Man and the Sea* / Le vieil homme et la mer
HEMINGWAY *The Snows of Kilimanjaro and other short stories* / Les neiges du Kilimandjaro et autres nouvelles
HIGGINS *Harold and Maude* / Harold et Maude
IRVING *The Legend of Sleepy Hollow* / *Rip Van Winkle* / La Légende de Sleepy Hollow / Rip Van Winkle
JAMES *Daisy Miller* / Daisy Miller
JAMES *The Birthplace* / La Maison natale
JAMES *The Last of the Valerii* / Le dernier des Valerii
JOYCE *A Painful Case* / *The Dead* / Un cas douloureux / Les morts
KEROUAC *Lonesome Traveler (selected stories)* / Le vagabond solitaire (choix)
KEROUAC *Satori in Paris* / Satori à Paris
KIPLING *Just so Stories* / Histoires comme ça
KIPLING *Stalky and Co.* / Stalky et Cie
KIPLING *Wee Willie Winkie* / Wee Willie Winkie
LAWRENCE *Daughters of the Vicar* / Les filles du pasteur
LAWRENCE *The Virgin and the Gipsy* / La vierge et le gitan
LONDON *The Call of the Wild* / L'appel de la forêt
LONDON *The Son of the Wolf and other tales of the Far North* / Le Fils du Loup et autres nouvelles du Grand Nord
LOVECRAFT *The Dunwich Horror* / L'horreur de Dunwich

MANSFIELD *The Garden Party and other stories* / La garden-party et autres nouvelles
MELVILLE *Benito Cereno* / Benito Cereno
MELVILLE *Bartleby the Scrivener* / Bartleby le scribe
O'CONNOR *A Good Man is hard to find and other Short Stories* / Les braves gens ne courent pas les rues et autres nouvelles
ORWELL *Animal Farm* / La ferme des animaux
POE *Mystification and other tales* / Mystification et autres contes
POE *The Assignation and Other Tales* / Le rendez-vous et autres contes
POE *The Murders in the Rue Morgue and other tales* / Double assassinat dans la rue Morgue et autres histoires
RENDELL *The Strawberry Tree* / L'Arbousier
ROTH *Goodbye, Columbus* / Goodbye, Columbus
SHAKESPEARE *Famous scenes* / Scènes célèbres
STEINBECK *Of Mice and Men* / Des souris et des hommes
STEINBECK *The Pearl* / La perle
STEINBECK *The Red Pony* / Le poney rouge
STEVENSON *Ollala* / Ollala
STEVENSON *The Rajah's Diamond* / Le diamant du rajah
STEVENSON *The Strange Case of Dr Jekyll and Mr Hyde* / L'étrange cas du Dr Jekyll et M. Hyde
STYRON *Darkness Visible / A Memoir of Madness* / Face aux ténèbres / Chronique d'une folie
TWAIN *Is he living or is he dead ? and other short stories* / Est-il vivant ou est-il mort ? et autres nouvelles
WELLS *The Country of the Blind and other tales of anticipation* / Le Pays des Aveugles et autres récits d'anticipation
WELLS *The Time Machine* / La Machine à explorer le temps
WILDE *A House of Pomegranates* / Une maison de grenades
WILDE *Lord Arthur Savile's crime* / Le crime de Lord Arthur Savile
WILDE *The Canterville Ghost and other short fictions* / Le Fantôme des Canterville et autres contes
WILDE *The Portrait of Mr. W. H.* / Le portrait de Mr. W. H.
WOOLF *Monday or Tuesday* / Lundi ou mardi

ALLEMAND

ANONYME *Wunderbare Reisen des Freiherrn von Münchhausen* / Les merveilleux voyages du baron de Münchhausen
BERNHARD *Der Stimmenimitator (Auswahl)* / L'imitateur (choix)
BÖLL *Der Zug war pünktlich* / Le train était à l'heure

CHAMISSO *Peter Schlemihls wundersame Geschichte* / L'étrange histoire de Peter Schlemihl

EICHENDORFF *Aus dem Leben eines Taugenichts* / Scènes de la vie d'un propre à rien

FREUD *Selbstdarstellung* / Sigmund Freud présenté par lui-même

FREUD *Die Frage der Laienanalyse* / La question de l'analyse profane

FREUD *Das Unheimliche und andere Texte* / L'inquiétante étrangeté et autres textes

GOETHE *Faust* / Faust

GRIMM *Das blaue Licht und andere Märchen* / La lumière bleue et autres contes

HANDKE *Die Lehre der Sainte-Victoire* / La leçon de la Sainte-Victoire

HANDKE *Kindergeschichte* / Histoire d'enfant

HANDKE *Lucie im Wald mit den Dingsdda* / Lucie dans la forêt avec les trucs-machins

HOFFMANN *Der Sandmann* / Le marchand de sable

HOFFMANN *Nussknacker und Mausekönig* / Casse-Noisette et le Roi des Rats

HOFMANNSTHAL *Andreas* / Andréas

KAFKA *Brief an den Vater* / Lettre au père

KAFKA *Der Bau* / Le Terrier

KAFKA *Ein Landarzt und andere Erzählungen* / Un médecin de campagne et autres récits

KAFKA *Beschreibung eines Kampfes* / *Forschungen eines Hundes* / Description d'un combat / Les recherches d'un chien

KLEIST *Die Marquise von O...* / *Der Zweikampf* / La marquise d'O... / Le duel

KLEIST *Die Verlobung in St. Domingo* / *Der Findling* / Fiançailles à Saint-Domingue / L'enfant trouvé

MANN *Tonio Kröger* / Tonio Kröger

MÖRIKE *Mozart auf der Reise nach Prag* / Un voyage de Mozart à Prague

NIETZSCHE *Ecce homo* / Ecce homo

RILKE *Geschichten vom lieben Gott* / Histoires du Bon Dieu

RILKE *Zwei Prager Geschichten* / Deux histoires pragoises

SCHLINK *Der Andere* / L'autre

TIECK *Der Pokal und andere Märchen* / La coupe d'or et autres contes

VON SCHIRACH *Glück und andere Kurzgeschichten* / Quelle chance ! et autres nouvelles

WALSER *Der Spaziergang* / La promenade

ZWEIG *Brief einer unbekannten* / Lettre d'une inconnue

ZWEIG *Der Amokläufer* / Amok

ZWEIG *Schachnovelle* / Le joueur d'échecs

ZWEIG *Vierundzwanzig Stunden aus dem Leben einer Frau* / Vingt-quatre heures de la vie d'une femme

RUSSE

BABEL *Одесскне рассказы* / Contes d'Odessa
BOULGAKOV *Записки юного врача* / Carnets d'un jeune médecin
BOULGAKOV *Роковые яйца* / Les Œufs du Destin
BOULGAKOV *Морфий* / Morphine
DOSTOÏEVSKI *Записки из подполья* / Carnets du sous-sol
DOSTOÏEVSKI *Кроткая* / *Сон смешного человека* / Douce / Le songe d'un homme ridicule
DOSTOÏEVSKI *Маленький герой* / Un petit héros
GOGOL *Портрет* / Le portrait
GORKI *Мой спутник* / Mon compagnon
KAZAKOV *На полстанке и другие рассказы* / La petite gare et autres récits
LERMONTOV *Герой нашего времени* / Un héros de notre temps
OULITSKAÏA *Сонечка* / Sonietchka
POUCHKINE *Пиковая дама* / La Dame de pique
POUCHKINE *Арап Петра Великого* / Le nègre de Pierre le Grand
POUCHKINE *Дубровского* / Doubrovski
TCHEKHOV *Дама с собачкой* / *Архиерей* / *Невеста* / La dame au petit chien / L'évêque / La fiancée
TCHEKHOV *Палата N° 6* / Salle 6
TOLSTOÏ *Дьявол* / Le Diable
TOLSTOÏ *Сетейное счастье* / Le bonheur conjugal
TOLSTOÏ *Смерть Ивана Ильича* / La Mort d'Ivan Ilitch
TOLSTOÏ *Крейцерова соната* / La sonate à Kreutzer
TOURGUENIEV *Ася* / Assia
TOURGUENIEV *Часы* / La montre
TYNIANOV *Подпоручик Киже* / Le lieutenant Kijé

ITALIEN

BARICCO *Novecento. Un monologo* / Novecento : pianiste. Un monologue
BARICCO *Seta* / Soie
BASSANI *Gli occhiali d'oro* / Les lunettes d'or
BOCCACE *Decameron, nove novelle d'amore* / Décameron, neuf nouvelles d'amour

CALVINO *Fiabe italiane* / Contes italiens
COLLECTIF (Verga, Pirandello, Consolo) *Novelle siciliane* / Nouvelles siciliennes
COLLODI *Pipì o lo scimmiottino color di rosa* / Pipì ou le petit singe couleur de rose
D'ANNUNZIO *Il Traghettatore ed altre novelle della Pescara* / Le passeur et autres nouvelles de la Pescara
DANTE *Divina Commedia* / La Divine Comédie (extraits)
DANTE *Vita Nuova* / Vie nouvelle
DE LUCA *Il peso della farfalla* / Le poids du papillon
DE LUCA *Non ora, non quí* / Pas ici, pas maintenant
DE LUCA *Tre cavalli* / Trois chevaux
GOLDONI *La Bottega del caffè* / Le Café
MACHIAVEL *Il Principe* / Le Prince
MALAPARTE *Il Sole è cieco* / Le Soleil est aveugle
MORANTE *Lo scialle andaluso ed altre novelle* / Le châle andalou et autres nouvelles
PASOLINI *Racconti romani* / Nouvelles romaines
PAVESE *La bella estate* / Le bel été
PAVESE *La spiaggia* / La plage
PAVESE *L'idolo e altri racconti* / L'idole et autres récits
PIRANDELLO *Novelle per un anno II (scelta)* / Nouvelles pour une année II (choix)
PIRANDELLO *Sei personaggi in cerca d'autore* / Six personnages en quête d'auteur
PIRANDELLO *Vestire gli ignudi* / Vêtir ceux qui sont nus
SCIASCIA *Il contesto* / Le contexte
SVEVO *Corto viaggio sentimentale* / Court voyage sentimental
TABUCCHI *Cinema e altre novelle* / Cinéma et autres nouvelles
VASARI/CELLINI *Vite di artisti* / Vies d'artistes
VERGA *Cavalleria rusticana ed altre novelle* / Cavalleria rusticana et autres nouvelles

ESPAGNOL

ASTURIAS *Leyendas de Guatemala* / Légendes du Guatemala
BORGES *El libro de arena* / Le livre de sable
BORGES *Ficciones* / Fictions
CALDERÓN DE LA BARCA *La vida es sueño* / La vie est un songe
CARPENTIER *El acoso* / Chasse à l'homme
CARPENTIER *Guerra del tiempo* / Guerre du temps

CERVANTES *El amante liberal* / L'amant généreux
CERVANTES *El celoso extremeño* / *Las dos doncellas* / Le Jaloux d'Estrémadure / Les Deux Jeunes Filles
COLLECTIF (Fuentes, Pitol, Rossi) *Escritores mexicanos* / Écrivains mexicains
COLLECTIF (Marsé, Zarraluki, España) *Historias de Barcelona* / Histoires de Barcelone
CORTÁZAR *Historias inéditas de Gabriel Medrano* / Histoires de Gabriel Medrano
CORTÁZAR *Las armas secretas* / Les armes secrètes
CORTÁZAR *Queremos tanto a Glenda (selección)* / Nous l'aimions tant, Glenda (choix)
FUENTES *Las dos orillas* / Les deux rives
FUENTES *Los huos del conquistador* / Les fils du conquistador
GARCÍA LORCA *Bodas de sangra* / Noces de sang
GARCÍA LORCA *Mi pueblo y otros escritos* / Mon village et autres textes
GARCÍA LORCA *Yerma* / Yerma
NERUDA *Confieso que he vivido. Juventud* / J'avoue que j'ai vécu. Jeunesse
RIVAS *La lengua de las mariposas y otras novelas (selección)* / La langue des papillons et autres nouvelles (choix)
RULFO *El Llano en llamas (selección)* / Le Llano en flammes (choix)
TIRSO DE MOLINA *El Burlador de Sevilla y convidado de piedra* / Le Trompeur de Séville et l'Invité de pierre
UNAMUNO *Cuentos (selección)* / Contes (choix)
VALLE-INCLÁN *Un día de guerra (Visión estelar)* / Un jour de guerre vu des étoiles
VARGAS LLOSA *Los cachorros* / Les chiots
VARGAS LLOSA *Los jefes* / Les caïds

JAPONAIS

RYÔKAN 梅の花 *(Ume no hana)* / Ô pruniers en fleur

CHINOIS

ANONYMES 詩經 *(Shijing)* / Le Classique des Poèmes

Retrouvez tous les titres de la collection
sur www.folio-lesite.fr

Tous les papiers utilisés pour les ouvrages des collections Folio sont certifiés et proviennent de forêts gérées durablement.

Composition : Nord Compo
Impression Maury Imprimeur
45330 Malesherbes
le 4 octobre 2022
Dépôt légal : octobre 2022
Numéro d'imprimeur : 265565

ISBN : 978-2-07-296182-3 / Imprimé en France

400872